一读就懂的世界史

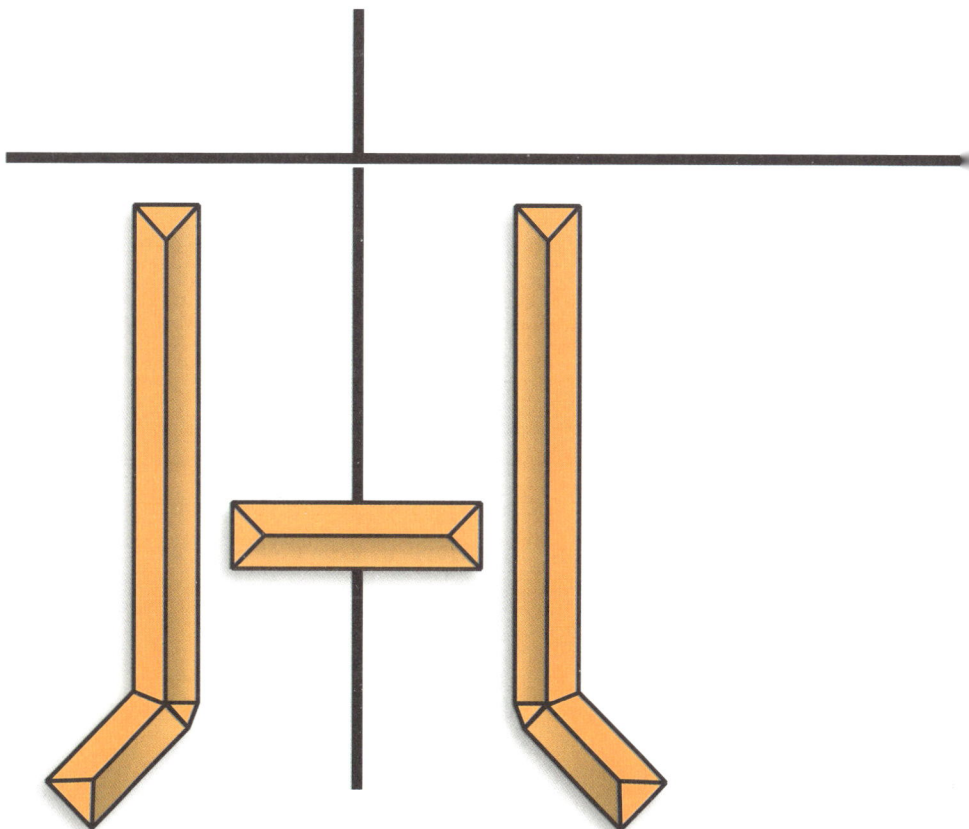

《图说历史》编委会
——编著

中国铁道出版社有限公司
CHINA RAILWAY PUBLISHING HOUSE CO., LTD.

日本列岛曾在某段时间内属于亚欧大陆板块的一部分，只不过随着沧海桑田的变化，逐渐脱离了大陆，从此孤悬于海外，成为"日出之国"。现在的日本国，位于亚洲东部、太平洋的西北角，是一个由诸多岛屿组成的岛国。全国面积的 68% 是山地，最高的山是富士山，是日本的重要国家象征之一，常常出现在和歌里，被日本人民誉为"圣岳"。

根据考古发现，十多万年前甚至更早，日本列岛就有人类活动的迹象，关于日本的起源在其本土神话里如同其他国家一样有着各种不可思议的传说。日本同样经历了原始社会、奴隶社会、封建社会等不同时期，但因为受到大陆文化的影响，每次变革都不够彻底，因此日本文化有着很多令人惊奇的发展和特点。日本民族是一个擅长学习的民族，他们善于向先进文明学习，从推古变革、大化改新到明治维新、宪政改革，这些都大大加速了日本进步的历程。

日本倾慕大唐文化，处处模仿唐朝，于是就有了"唐风洋溢奈良城"的景象。当时的日本，无论是从政治制度、文物典章还是民间习俗、生活方式等方面，大多都染上了浓重的唐代文化色彩。贵族们醉心于对唐文化的仿效并以此作为身份的象征，奈良文化成为彻底的"唐风文化"。随着历史变迁，"黑船来航"让闭关锁国的日本民族迅速改旗易帜。"殖产兴业、文明开化、富国强兵"，使日本完成了资本主义改革成功并摆脱了殖民统治。近代，日本思想家福泽谕吉提出"脱亚入欧，全面西化"，于是东京银座便建起了西化一条街。

"菊与刀"，表露了日本精神的唯美与残暴。对外侵略是日本历史不可回避的内容。无论是"一战"中对中国胶州湾的觊觎，还是"二战"中法西斯政府发动侵华战争时惨绝人寰的手段，都给人留下了难以磨灭的印象。

纵观日本历史，这个自大和朝庭万世一系于皇室的国家，拥有着复杂而矛盾的民族性格。即便1946年昭和天皇曾经发表"人间宣言"，然而天皇和神道的结合依然是日本民族精神的重要来源，"播皇威于四方"一直是日本军国主义滋生的温床。

中国和日本，一衣带水，比邻而居，两国之间既有源远流长友好交往的历史，也曾发生过让中国人民难以忘却的日本对华侵略战争。本书以时间线为线索，以日本历史所历经的十五个文化时代为主线，中间穿插对日本历史进程产生重大影响的事件及日本民俗文化的介绍。叙述上尽量避免偏见，竭力使读者能客观、理性、全面地看待日本历史，同时为读者解读当今日本现状所相关的历史背景。"以史为鉴可知兴替"，想要知道日本有哪些地方值得我们学习，就要在不忘历史的前提下，主动去了解和研究。

日本历史演变

▲ 五条誓文

14 日本进行明治维新,迅速完成了资本主义改革,成为亚洲最强大的国家。

13 末代幕府将军"大政奉还",以明治天皇为主走向维新之路。

▲ 1853 年马休·佩里一行登陆

▲ 德川家康

▲ 大政奉还

12 1853 年,美国人马休·佩里登陆日本,"黑船来航"后,日本被迫打开闭关锁国的大门,武家统治结束。

11 德川家康是战国时代笑到最后的人,他所建立的江户幕府是武家政权最完善也是统治时间最久的。

▲《倭人传》

▲ 皇室纹章

▲ 圣德太子

▲ 遣唐使的派遣

1 在《三国志·魏志·倭人传》里曾提到一个邪马台女王国,这是一个奴隶制国家,中国曾派使者亲自前往。

2 大和时代出现在邪马台之后,从此天皇万世一系。

3 圣德太子心慕中国隋唐文化,仿照隋朝制度,进行了推古朝封建改革。这是日本第一幅肖像画

4 奈良时代,日举国迷恋唐朝文化多次派出遣唐使去朝学习,这种派遣持了 260 余年。

15

日本入侵中国，后成为第一次世界大战的战胜国。

▲ 《凡尔赛和约》的签订

16

第二次世界大战期间，日本走上法西斯道路，战败后在美国帮助下恢复经济。

▲ 战败签字图

▲ 川中岛合战

▲ 丰臣秀吉的聚乐第

丰臣秀吉继承了织田信长的事业，结束了战乱，继室町幕府后统一了日本，被称为太阁。

▲ 本能寺之变

日本最动荡的时代开始了，以下克上，战国大名们互相攻伐，这个时代也是英雄辈出的时代，诸如：武田信玄、上杉谦信、织田信长和丰臣秀吉。

▲ 日军登陆釜山

10

丰臣秀吉两次入侵朝鲜，朝鲜向宗主国中国求助，中朝与日本之间发生文禄、庆长之役。

9

平安时代总是打仗，有名的源氏和平氏也在这个时代出现，他们原本也是皇族。这个时代最有权力的是太上皇和太政大臣。

镰仓幕府建立了，天皇被挤到了一边，武士们成为特权阶层了，源氏打败平氏，武士道思想慢慢形成了。

8

镰仓幕府灭亡后，出现了两个天皇，南北朝分立长达57年，几十年后南北朝才统一。

7

5

▲ 源平合战

6

▲ 武士画像

▲ 足利氏的花之御所

日本家纹美学

　　家纹，简单来说就是以图形来表示姓氏，通过这种象征标记，各氏族、家族可以表明自身血统乃至地位。古代日本人识字率比较低，符号比文字更有标识效果。日本可以说是亚洲唯一自古至今使用纹章，并形成体系的国家。

皇室象征
皇室专用

▲ 十六瓣八重表菊纹

日本内阁
使用

▲ 五七桐纹

源氏家纹

▲ 龙胆纹

平氏家纹

▲ 扬羽蝶

德川家的
专用纹章

▲ 葵纹

织田信长
的家纹

▲ 木瓜纹

土岐、明
智氏家纹

▲ 桔梗纹

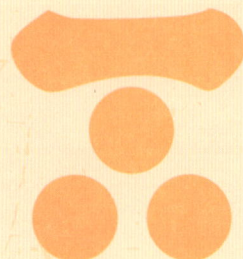

▲ 毛利氏家纹

日本动漫人物与历史原型的对比

日本很多动画中的人物其实都有历史人物原型，但是他们的形象和性格、动漫作品中的完全不同，甚至南辕北辙。虽然如此，但是把这些人物造型和真实的历史时代联系起来的时候，你会更加理解这些作品和人设的由来。

一休

"一休"和尚，本名千菊丸，父亲是北朝的后小松天皇，六岁就在安国寺出家，被赐名宗纯，法号一休，所以人们叫他一休宗纯。外号"狂僧"。

将军

经常被一休戏耍的将军，其实是指室町幕府的将军足利义满。日本历史上曾出现南北朝对立的时期，是足利义满结束了这种分裂局面。作为实质上日本的最高统治者，当然是身为天皇之子的一休小和尚的对头了。

佐助

传言佐助是日本战国时代非常有名的忍者真田十勇士之首。在山中与山猿追逐嬉戏时偶遇甲贺流忍术高手户泽白云斋，并拜其为师学习甲贺流忍术。三年后忍术学成。十五岁时一天，佐助在鸟居峠狩猎时遇到真田幸村，成为幸村之家臣，并改名为猿飞佐助幸吉。

服部半藏

《火影忍者》中山椒鱼半藏的原型人物，是日本战国时代至江户时代初期时德川氏麾下的武士一族。服部半藏指的是服部氏第二代服部正成，他是德川十六神将之一，又称"鬼半藏"。

安倍晴明

安倍晴明是活跃于平安时代中期的阴阳师，传说其可能为平将门之子平将国，是直到明治时代初期一直统辖阴阳寮的土御门家始祖。

有关安倍晴明的最早记录出现在公元 960 年，村上天皇任命他为天文博士，979 年，59 岁的安倍晴明受命主持封印天狗的仪式，受到天皇和贵族们的信任，成为平安时代阴阳师不可逾越的高峰，安倍家族也成为举足轻重的阴阳道世家。

和服与汉服

奈良时代，日本大和朝大量派出遣唐使来到中国唐朝学习中国的文化艺术、律令制度，他们痴迷于大唐文化，衣食住行处处模仿，也包括衣冠制度。最初，和服就是唐服的翻版，经过漫长的发展，和服逐渐有了自己的民族特色，成为日本民族的传统服装。

和服：整体呈直线型、圆筒形；重花纹

领子不贴合，露出后颈。

腰封、腰带里外分数层，较宽，从胸部下围直到髋骨。背部看起来像背着枕头，其实是腰带以不同方式打成的花结，表达日本人的信仰和祈愿。

袖口方形，长度不到手腕，袖口缝合，腋下断开，与身体部分不相连。

下摆窄小，行动受限制。

汉服：整体讲究曲线和飘逸、重形制

领口袖口有衣缘，绣着花边。领口贴合后脖颈。

腰带收腰，细窄，腰带系于腰间自然垂下装饰。

袖子是弧形的，长度盖住手，腋下与身体相连。

下摆宽大，行动自由。

日本传统艺术大观

　　日本特殊的地理位置使其文化一直与东亚大陆文化保持着自身的独特性，尤其对传统文化的保存和发扬堪称世界典范。日本在学习中国唐朝文化基础上，展现出一种特殊的东方美感。"唯美"与"物哀"形成其特有的艺术基调。

艺伎

　　又称芸者，是日本特有的女性表演艺术工作者，以在宴席上舞蹈、演唱、演奏为主要工作。

相扑

　　日本的国技，也是国际性的武术、格斗、体育运动，类似的运动如摔跤。江户时代的相扑力士有与武士一样的配刀权利。

浮世绘

　　日本的一种绘画形式，常被认为专指彩色印刷的木版画，主要描绘人们日常生活、风景和戏剧。

歌舞伎

　　起源于日本战国时代末期，日本典型的民族表演艺术，传统艺能之一。现代歌舞伎演员为清一色男性，其演员的服装与化妆华丽、布景精致、舞台机关相对复杂。

人形净琉璃

　　由道白者（太夫）、三弦、木偶三者组成，室町时代成为寺院神社节日的助兴表演，类似木偶剧。

日本华道

　　又称花道、日式插花，是讲究形神兼备的造型艺术。炫彩简洁，常以花的盛开、待放、含苞代表过去、现在及将来。

和歌

　　日本本土诗歌形式，又称倭歌或倭诗，受汉诗影响。每句5音和7音交错，《百人一首》是镰仓时代的和歌集。

能剧

　　日本代表性传统艺术之一，与日本歌舞伎齐名。其独有的舞台艺术形式，以日本传统文学作品为脚本，佩戴面具演出的古典歌舞剧。

目录
CONTENTS

第六章　从南北朝到室町幕府

第七章　室町幕府的末路

第八章　战国风云：谁是天下人

第九章　最强盛的武家政权：德川幕府

第一章

神话与考古：
　　日本起源

　　日本本土神道教中以太阳为崇拜图腾，认为太阳神是"天照大神"，至高无上，是大和民族的祖先，天皇是天照大神的后裔。这一观念深植于大和民族每个人的脑海中，也是日本天皇"万世一系"的根源。据考古发现，日本列岛的历史发展明显受到外来文化的影响。各地移民带着各自先进的文明来到日本，使日本原处于原始社会的生产力水平历经多次飞跃。

传世之宝——"三神器"

在日本文化里，"三神器"是频繁被提到的物品，常常被赋予极其神异的威力，除去各种夸张和想象，"八咫镜、天丛云剑、八尺琼勾玉"，一直作为日本天皇手中代代流传的传世之宝，是天皇正统的象征。

▲ 日本皇室徽章

八咫镜

八咫镜，在《古事记》里被称为真经津之镜，日本人认为镜子有一种神秘的力量，可映照人心，引来光明，暴露恶魔的真面目以及预测吉凶，神道教也认为八咫镜代表"正直"。

在日本神话中，天照大神的弟弟须佐之男来到高天原也就是天界后到处闯祸，天照不知该怎样帮他收拾烂摊子，便躲进天之岩户，谁劝都不肯出来。可是天照是太阳神，掌管光明，她躲着不出来，天地之间就只剩漆黑一片。

▲ 伊势神宫内宫神乐殿

诸神很是着急，这么下去可不行，于是有人想了个办法，造出一面镜子，挂在树上，然后众神在外面热热闹闹，大声喧嚣。躲着的天照纳闷了，就问："外面这么黑，你们为什么还这么欢乐呢？"外面有人回答："有比你还尊贵的神来了，我们在欢聚呢！不信你看！"说着便让天照往镜子里看。天照很好奇，探出头去，结果一下子就被拽了出去。就这样，光明回来了。那面镜子就是八咫镜，目前供奉在伊势神宫。

八岐大蛇与天丛云剑

天丛云剑，又名草薙（音同"剃"）剑，堪称日本第一神剑。根据《古事记》中的记载，天照大神的弟弟须佐之男因闯了太多的祸而被众神放逐到人间。他沿着水边行走，遇到一对哭哭啼啼的老夫妇。原来他们曾有八个女儿，前面七个都被献祭给凶恶的怪物"八岐大蛇"，现在唯一剩下的女儿又将面临同样的命运，他们才忍不住哭泣。

本是天神的须佐之男自然不怕这种水怪，他自告奋勇前去捉妖。八岐大蛇当然不是天神的对手，须佐之男手持十拳剑将其斩杀后，却在八岐大蛇身体内发现一柄坚硬锋利的神剑，这把剑异常尖锐，连十拳剑都无法匹敌。须佐之男于是决定将这把剑献给姐姐天照大神，想以此修补一下他们的姐弟关系。

后来，这把剑被日本武尊倭建命所得。他一路征伐时曾被敌人骗至草原，敌人想放火烧死他，他便用此剑砍草开路，偶然中发现这把剑还能改变风向，最终脱险，于是他便将这把剑命名为草薙剑。

天丛云剑由历代天皇掌有，被供奉于名古屋热田神宫，据说只有少数人才有资格拜见。

八尺琼勾玉

八尺琼勾玉为尖辣椒形状的玉坠。八尺和八咫都是泛指大的意思，或是形容串起曲玉的绳较长，其作为日本独创的祭器和装饰品，材质并非只限于玉石，最早是用动物的牙齿制作，后来开始使用金、

▲ 三神器

石、玉，以之作为主体，配以其他圆形或管状的曲玉，做成服装饰品。玉的日文发音和灵魂的"灵"一样，所以被视为珍贵物品，被并入"三神器"。这种饰品最早在绳文、弥生时代的遗迹中出现，古坟时代较盛行，墓葬中被大量发现。

八尺琼勾玉现在被供奉在东京皇居内，外人不能参观。

三神器有"原物"和"形代"两种存在。顾名思义，原物就是三神器本身，被供奉在神宫里。而形代则是替代品，被保管在皇宫中，用于天皇即位仪式中使用。形代不是普通的仿制品，而是经过宗教仪式拥有了所谓"神性"的代替品，经常有初代三神器原物、初代三神器形代的说法。不过，即使是"三神器"，也在历史上多次遭遇劫难，所以现在所存的版本是否为真，或是否为原本，已经很难考究。总的来说，三神器作为皇室正统象征，很难被公众看到。现在所流传的图片多是猜测，并非实物原图，一般只有在天皇继承仪式或是某些极特殊的情况下，我们才有可能看到装有"三神器"的盒子。

> **历史拓展**
>
> 大约在汉代，倭国使者远渡重洋纳贡而来，汉朝人慷慨大方，将铁剑、铜镜作为土特产给予回礼。这两件东西漂洋过海到了当时仍处于青铜时代的倭国，顿时身价倍增，成为贵族权力的象征。右手执剑、左手持镜、胸前垂玺（曲玉）成为公认的王者形象并流传开来，以至到最后，这三者成为皇室正统的象征。

▲《古事记》影印本

创世神话与初代天皇

日本的神话传说很多，主要记载于《古事记》和《日本书记》。书中先是对开天辟地的景象描述一番，又说"天地始分之时，有诸神生于高天原"，意思是，天界莫名地从空中生出了七代十二位天神。其中最后一代的伊邪那歧和伊邪那美两位天神相结合，生出了淡路、伊豫、隐岐、筑紫、壹岐、津、佐渡、倭丰秋津等日本列岛，后又生出了山、海、风等几十位神。

最后，伊邪那歧洗涤左眼生出"天照大御

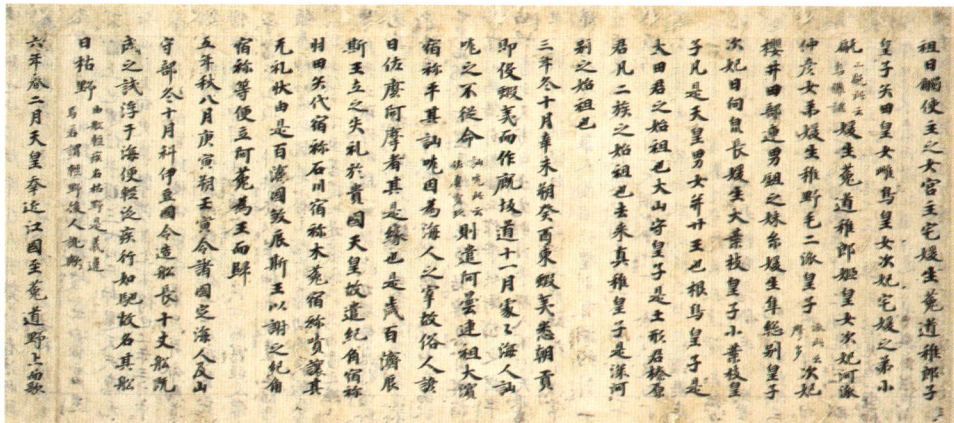

▲《日本书纪》平安时代抄本

神"，让她管理天界；洗涤右眼生出月读命（月夜见尊、月神），由他掌管夜之国；洗涤鼻子生出须佐之男（又叫素笺鸣），让他治理海洋。他认为这是他最重要的三个孩子，所以便把世界交给了他们。

▲ 应神天皇

在日本神话中，"神武天皇"是第一任天皇，他是天照大神的后裔，建立了大和朝，是日本开国之祖。神武天皇的真实性难以确认，曾有学者猜测神武天皇就是秦始皇派遣出海寻找仙山的方士徐福，但无论从时间上还是考古上，都没有可靠的依据作为支撑。

日本神武天皇之后的八代天皇（史称阙史八代）记录在《古事记》和《日本书纪》中，只有年表（即位、系谱），没有任何事迹流传。历史上得到确认、真实可信程度较高的，是十五代应神天皇，其在位时间正值中国三国西晋时期，有说法认为应神天皇或许才是号称"万世一系"日本天皇的真正始祖。

延伸思考

三神器在日本国代表什么？

历史拓展

日本的神话传说大都记载于以汉字拼写和音的《古事记》和纯粹汉文的《日本书记》这两本书中。这两本书都成书于公元 8 世纪初，对照当时的政治环境，可以看出很多内容是杜撰和虚构的，还有一些内容是对中国史书中内容的翻译，可信度很低。

绳纹文化：考古与发现

考古学家在九州福井和神奈川县先后发现了带有绳纹装饰的陶器。为了便于研究，人们把这类陶器命名为"绳纹陶器"，将这段时期的文化命名为"绳纹文化"，把使用绳纹陶器的时代称为"绳纹时代"。距今一万年前，日本进入绳纹时代，也就是新石器时代，此时的日本还处于原始社会母系氏族时期。

日本人来自哪里

1949 年，考古人员在后来被称为"岩宿文化遗址"的地方发现了手斧、刮削器、尖状器等典型的旧石器时代的物品。接着，从北海道到南九州，整个日本列岛又陆续发现了一千多处旧石器时代遗址。大多数遗址被鉴定为 3 万年以前。人们这才发现，原来在那么遥远的岁月里原始人类就已经踏上了位

▲ 磨制石器（旧图）

于亚洲大陆东端的日本列岛。这段日本的旧石器时代又被称为"先绳纹文化"或"无土器时代"，最明显的特征是此时还没有出现陶器。

在这些遗址发现中，有少数伴随着人骨化石出土。经过对遗骨化石的研究，专家的得出一种结论，认为旧石器时代的日本人很可能并非单一血统，而来源于不同的地区。从日本的地理位置上看，东北方向，是现今阿伊努人的祖先；西北

方向，是中国北部和朝鲜半岛；西南方向，是中国南部；南方方向，是马来西亚和印度尼西亚，所以这种说法的可能性很大。另外根据研究，日本最初和大陆还是相连的，旧石器时代的日本人也有可能是中国北部北京猿人的后裔，经由朝鲜半岛来到日本。

他们把水稻带到这里

一万到八千年前，日本进入绳纹文化时期，也就是新石器时代。"绳纹"这个词来自于这个时期制作的陶器上用麻绳勒出的种种纹样。

日本在这个时期就已经出现了水稻的种植，有几处遗址中发现了印在陶器上的稻痕和炭化米，更为明显的是在绳纹晚期的遗址中发现了摘稻穗用的石刀，类似的工具在朝鲜和中国辽东半岛和华北地区都有出土。

由于水稻原产地是中国，所以可以想象一下，漫长的时光里，有那么一群人带着他们最宝贵的财富——赖以生存的稻种和石刀，艰难地从朝鲜半岛南部越过对马海峡，到达日本列岛。他们也许只是误入此地，也许有其他原因，总之他们踏上了新大陆，留在了这里，也给这里带来了新的食物和生产技术。学者们分析水稻传入日本的路线有这么几种可能。其一从华南、华中经由海路传入；其二经由西南海路传入；其三由陆路如河北、辽宁或从山东到朝鲜半岛后，从朝鲜半岛南部传入。显然，第三条可能性更大一些。

▲ 以稻米为原料的传统食品寿司

```
                                                    ┌──────────────┐
                                          ┌────────▶│     稻种      │
                            ┌──────────┐  │         └──────────────┘
                            │ 原产地中国 │──┤
                            └──────────┘  │         ┌──────────────┐
                         ▲                └────────▶│  工具：石刀   │
                        ╱                           └──────────────┘
             ┌────────┐╱                            ┌──────────────┐
             │        │                    ┌───────▶│ 华南、华中、  │
             │ 稻与日本 │                    │        │    跨海       │
             │        │╲                   │        └──────────────┘
             └────────┘ ╲        ┌──────┐──┤
                         ╲       │ 海路  │  │        ┌──────────────┐
                          ┌─────┐└──────┘  └───────▶│  西南经海路   │
                          │ 路线 │─┤                 └──────────────┘
                          └─────┘ │
                                  │         ┌──────────────┐        ┌──────────────┐
                                  └────────▶│    陆路       │───────▶│ 河北、辽宁、  │
                                            └──────────────┘        │ 山东经朝鲜半  │
                                                                    │  岛到日本     │
                                                                    └──────────────┘
```

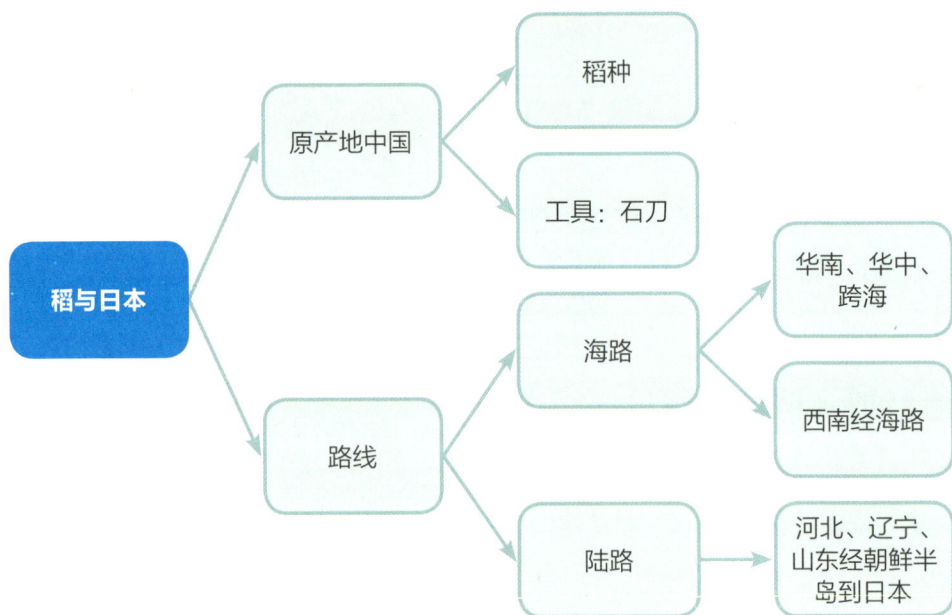

　　日本学者研究后认为水稻应该是在绳纹时代晚期传入的。首先传入北九州的北端，除了遗迹里的相关证据，还有板付、登吕两大水田遗址可作为这种说法的佐证。所以，北九州被认为是日本水稻的诞生地。

　　绳纹时期是以血缘关系为纽带的原始母系氏族公社为社会单位的时期。此时期妇女地位较高，婚姻关系中女性占有主导地位。不过，却已经出现了对偶婚（男性有多个妻子，其中之一为正妻，女性也有多名丈夫，其中之一为正夫）。这个时期的人们尚无来世观念，人死后一般会屈身而葬，并且压上大石，怕他起而作祟。这种传统在日本流传很广，且延续时间很长，与中国尊天敬祖的传统有根本的不同。

延伸思考
日本绳纹文化时期受到大陆文化影响了吗？

历史拓展

　　日本是一个"崇鬼"的国家，虽然科技很发达，但他们的精神世界相对更迷信，鬼怪文化成为日本传统文化的重要组成部分。日本文学中有很多关于鬼怪的故事，如中国人熟悉的一休，其实和动画片不同，一休法师的故事在日本充满了神怪色彩。画鬼是日本绘画的重要表现内容，日本有很多以画鬼出名的画家，如鸟山石燕和河锅晓斋。

❀ 弥生文化或是移民文化

"弥生"文化是由发现弥生式陶器的东京都文京区弥生町而得名，大概发生在公元前 3 世纪到公元 3 世纪。这个时期的特点是金石并用，生产工具有石刀、木锹、铜和铁镰等。这个时期的文明受外来移民的影响较大。

弥生时代的移民大潮

公元前 221 年到公元 220 年，此时的中国正处在战乱频发的秦汉之际。秦汉之前的殷商和春秋战国时代也都是战火连连，很多居住在北方的百姓为了躲避战乱，通过朝鲜半岛，直接或间接地来到了日本。这些移民身上带着大陆的先进文明，如铁、铜、陶器及其制造技术，随着这些技术的传播，日本本土生产力水平得到显著提高。弥生文化被认为是在绳纹文化的基础上，主动或被动地吸收中

▲ 徐福渡海帆船

国、朝鲜的文化而形成的。

在这个时期，水稻生产迅速发展，男子在劳动中愈发显得重要，这使得男子逐渐拥有更多的财产，父权制逐渐取代了母权制，对偶婚向一夫一妻制过渡，新形成的小家庭逐步变成社会经济单位。随着私有制的发展，阶级分化愈发明显。九州北部是日本同大陆交通的门户，所以这里也是生产力发展水平最高的地方。曾经在这

历史拓展

绳纹时代与弥生时代存在着明显的"断档"。弥生时代遗址发现以石器、铁器为主，跳跃了本应有相当长时间的青铜器阶段；稻种技术飞跃，大规模的推广推动了社会明显的进步，另外就是陶器风格迥异，缺乏继承和过渡关系，在文化上明显的缺乏连续性、继承性。

里发掘出土的瓮棺都带有丰厚的陪葬品，其中很多物品具有汉代特征。从不同的墓葬方式，可以看出他们的主人大都是氏族首领。氏族首领更有条件占据剩余产品，扩大私有财产，从而演变成高高在上剥削他人的奴隶主，而战俘和没有财产的穷人则沦为依附于他们的奴隶。随着这个过程的加剧和演化，原始社会最终被奴隶社会所取代。

弥生时代的生产力发展存在着很大的不合理性，很明显受到外来文化的影响，与绳纹时代没有连续性和继承性。另外，人类学也对两个时代的传承提出了很大质疑。绳纹人的面部形态符合欧亚大陆旧石器时代人的普遍特征，与中国南方、

▲ 汉封倭奴国王金印

东南亚岛国人群有着某种方面的相似性，而到了弥生时代以及之后的古坟时代、现代人群，形态特征更符合亚洲大陆的朝鲜、蒙古人群。

"乐浪海中有倭人"

公元前 3 世纪，日本的原始社会发展因有明显高度文明的介入，从而使这个阶段的生产力发展完成了革命性的飞跃。从弥生时代看，关于日本人的起源，"移民说"更令

人信服，也不断地得到证实。

有意思的是，这个时期，在遥远的大陆上，中国的秦始皇发动了一次颇具神话色彩的远行——"徐福东渡"。《秦始皇本纪》中记载："齐人徐市等上书，言海中有三神山，名曰蓬莱、方丈、瀛洲，仙人居之。请得斋戒，与童男女求之。于是遣徐市发童男女数千人，入海求仙人。"范晔的《后汉书》记载得更详细。传说飘渺无从考察，但从侧面却证明了"移民潮"是存在的，正是来自大陆的移民，在不同的时间点上，推动着日本历史不断地加速变革。弥生时期，中国史籍中关于日本的最早记载如下：

"乐浪海中有倭人，分为百余国，以岁时来献。"

——《汉书·地理志》

"建武中元二年（公元 57 年），倭奴国奉贡朝贺，使人自称大夫，光武赐以印绶。"

——《后汉书·东夷列传》

"安帝永初元年（107 年），倭国王帅升等献生口百六十人愿请见。"

——《后汉书·东夷列传》

延伸思考 弥生时代有哪些事物是明显来自大陆文化的？

▲ 汉封倭奴国王金印

历史拓展

东汉初年，日本遣使到东汉国都洛阳进贡，表明臣服，愿为藩国。光武帝应其要求，赐国名"倭国"，国王为"倭奴王"，还赐了一枚"汉倭奴国王印"。1784 年，在日本北九州地区博多湾志贺岛，出土了一枚刻有"汉倭奴国王"五个字的金印。金印由纯金铸成，方形，长宽各 2.3 厘米，高 2 厘米，蛇纽，阴刻篆体字。

时间轴 公元前 3 世纪—107 年

公元前3世纪	弥生文化时期
57年	倭国派使节到汉朝进贡，光武帝赐"汉委奴国王印"
107年	倭国王帅升进献汉安帝奴隶一百六十人

有一女子名曰卑弥呼

据《三国志·魏志·倭人传》和《后汉书·倭传》记载，汉桓帝、汉灵帝在位期间，倭国曾发生一场大乱。历经数年，倭国都没有君主可以结束这种局面，后来各部落推举一名女子出来，成为共同的"王"，此女子名"卑弥呼"。

史料中的真实记载

关于起源，日本人更愿意称自己为"日出之国""太阳升起的地方"。《淮南子》中也有"日朝发扶桑，入于落棠"的语句。至于其地理位置，《山海经·海内北经》曾说："盖国在矩燕南、倭北、倭属燕。"可见我们早就对倭国有了认识，

▲ 《魏志倭人传》影印本

而《三国志》和《后汉书》关于邪马台大女王国的记载则揭开了日本作为奴隶制国家的神秘面纱。

日本的文字出现得较晚，所以，关于原始社会瓦解后人类社会如何演变并没有文字史料记载。而在中国西晋史学家陈寿所著的《三国志·魏书·乌丸鲜卑东夷传》一书中，有段关于倭人的记载，里面首次提到了"邪马台"国，并简要地介绍了一些关于这个国家的情况。这个国家被史学家音译为"邪马台"，在中国史书中出现的时间是公元 2 世纪 40 至 80 年代，记载中称当时的首领是一位女王，"名曰卑弥呼"，而这位女王之前曾有男王存在，"其国本亦以男子为王，住七八十年"，所以推断邪马台国成立年代约在公元 2 世纪初或 1 世纪末。

至于邪马台大女王国的位置在史学界也是很有争议的。有学者认为应该是在生产力最发达的畿内大和地区（奈良），有学者则主张以北九州离大陆最近的优越位置，显然更具备建立国家的可能性。在这里我们暂且认为邪马台是建立于北九州的国家。

邪马台国其实是这样的

首先，邪马台国的农业生产以"种水稻"为主，有充足的粮食。丝麻织物、珠宝装饰、兵器工具等，手工业分类齐全。生产工具发达，普遍使用铁器农具，一些遗址中发现了"铁锄、铁锹、铁镰"等，而铁的使用又促进了冶炼技术的发展，铜器制作已经有了一定的水平。当时人们穿的衣服很简单，女子"作衣如单被，穿其中央，贯头衣之"，而且"男子无大小，皆藏面文身"，还具备某些原始民族的风俗特征。

关于丧葬方面，"有棺无停，封土作冢"。古代九州流行瓮棺葬，或者支石墓葬以后覆土其上而成的古坟。他们的风俗是停丧十余日，不吃肉，主家要哭泣，其他人饮酒、歌舞，最后全家需要到水中洗澡

> **历史拓展**
>
> "桓、灵间，倭国大乱，更相攻伐，历年无主。有一女各曰卑弥呼，年长不嫁，事鬼神道，能以妖惑众，于是共立为王。侍婢千人，少有见者，唯有男子一人给饮食，传辞语。居处宫室、楼观城栅，皆持兵守卫。法俗严峻。"
>
> ——《后汉书卷八十五·东夷列传第七十五·倭》

邪马台国国民被分为四个等级

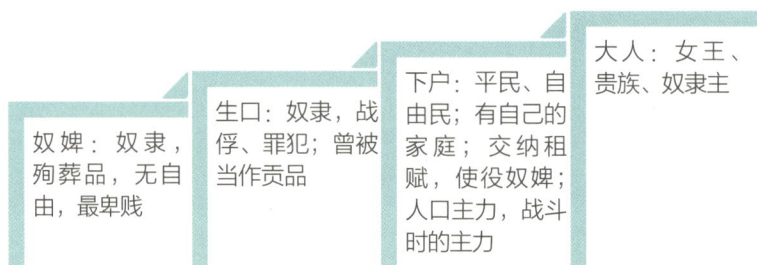

大人：女王、贵族、奴隶主

下户：平民、自由民；有自己的家庭；交纳租赋，使役奴婢；人口主力，战斗时的主力

生口：奴隶，战俘、罪犯；曾被当作贡品

奴婢：奴隶，殉葬品，无自由，最卑贱

净身后结束。在婚姻方面，实行一夫多妻制，女子有固定配偶，不再群婚。

邪马台国有严格的尊卑等级之分，等级之间规矩非常森严。如若大人和下户在路上相遇，下户平民必须让出道路，躲到草丛中。大人和下户说话，下户或蹲或跪，两手趴在地上，态度必须恭敬。在这个国家，最高统治者是女王，下面的高官有大率，是中央派去各小国的检察官；大倭，是管理全国市场的官吏；大夫，是负责外交事务的官吏。这个国家曾"相攻伐历年"，以及多次出兵朝鲜半岛南部，所以建立有能对外作战的军队。维持这种机构，需要"收租赋，有邸阁（收纳实物税的仓库）"。他们已经有自己的刑罚和法律，虽然不成文，但都以维护社会秩序为目的。

从上面这些描述来看，邪马台国有着明显的阶级关系和政治形态，但也保留着原始社会的残余。附属的部落或者联盟都还保留着自主性。国王并非世袭，也并非由武力争夺而来，而是贵族们共立。这位女王颇为神秘，在原始社会中是类似女巫一样的存在，由此可见母系氏族的特征也被保留了下来。

▲ 中国汉代以铜镜作为对日本进贡的回礼

邪马台国与中国的往来记录

时　间	邪马台所奉贡品	所　求	使　者
第一次 239 年	男生口 4 人、女生口 6 人、斑布 2 匹 2 丈	授与卑弥呼女王"亲魏倭王"印；赐：黄金、五尺刀、铜镜、真珠、铅丹（红色颜料）及纺织品多种	240 年，这是中国使者第一次赴日
第二次 243 年	生口、倭锦、绛青嫌、绵衣、帛布、丹木柑、短弓矢等	赐黄幢 1 顶	247 年，由带方郡太守王顾送到日本，这是中国使者第二次赴日
第三次 247 年	无	调停与狗奴国男王卑弥弓的矛盾	带方郡（今朝鲜黄海北道）太守张政等带去诏书及黄幢，这是中国使者第三次赴日
第四次 248 年	男女生口 30 人、贡白珠 5000 孔、青大句珠 2 枚、异纹杂锦 20 匹	卑弥呼去世后，新任女王壹与派了 20 人送汉使臣张政回国）	无

两国往来也应互赠礼品

其实，早在邪马台之前就有所谓"倭国"来朝的记载。女王卑弥呼期间曾多次与中国往来，而中国也派出使者赴日，这才有了中国史料中对邪马台国的描述。

时间轴 239—248 年

239 年 邪马台国第一次朝贡，中国第一次派使者赴日

243 年 邪马台国第二次朝贡，中国第二次派使者赴日

247 年 邪马台国第三次访汉，请求战事调停，中国第三次派使者赴日

248 年 邪马台国第四次朝贡，卑弥呼女王去世，新女王壹与派人送汉使张政等回国

延伸思考 邪马台国是一个什么样的国家？

第二章

"万世一系"的开端

不知何时，邪马台国消失了，位于大和地区的大和国出现了，从此日本进入"大和时代"。这段历史没有确切的史料记载，中国史书中出现了约150年日本朝贡记载的空白。随着生产力的发展，佛教的传入以及隋唐文化的影响，大和朝先后进行了封建制改革和大化改新，逐步从奴隶制过渡到封建制国家。

国土的统一与侵略朝鲜

"自昔祖标,躬擐甲胄,跋涉山川,不遑宁处,东征毛人五十五国,西服众夷六十六国,渡乎海北九十五国。"这段史料记载,倭王武的祖先或许曾经进行过统一国家的大规模征伐战争。日本于369年入侵朝鲜南部,百济成为日本的朝贡国。

不得而知的统一战争

公元3世纪末,以大和(今奈良)为中心的畿内地区,兴起了一个大国。因其位于大和地区,史称大和国。大和国于公元4世纪末至5世纪初基本上统一了日本。从此日本自称大和民族、和人,乃至其民族服饰后来被称为和服。

公元3世纪末,在大和地区出现了高冢式坟墓,这类坟墓也叫作古坟。古坟时代由此而来。其分布以奈良、大阪的大和盆地为主。古坟为巨大的穴式土堆,四周修有壕沟,前方后圆,周遭围绕着象征殉葬的土制人偶。这类坟墓同之前发掘的弥生时代氏族和部落首领的坟墓有着完全不同的规模和样式,明显需要耗费大量的金钱和人力,这意味着他的主人绝非原始公社时期的族长,而是拥有更高权势的奴隶主贵族,甚至国王。

▲ 大仙陵古坟(前方后圆古坟的典型)拜所

古坟于公元 4 世纪传播到东至关东地区，西至日向地区，于公元 5 世纪时已遍及南至九州南端、北至奥羽陆中的广大地区，从中可以看出这个国家或者势力的发展范围。

坟丘长 200 多米，前方后圆，称为巨大前方后圆坟。能入葬在巨大前方后圆坟的人，只有大和地区的大王以及各地的大豪族。从随葬品来看，早期墓主多为女性祭祀，随葬品中最重要的是青铜镜，这些铜镜从形制、花纹和铭文无一不表明它的中国镜血统，所以应该是从汉末、魏晋进口的"舶来品"。同一时期不同的墓葬中都发现了同款的青铜镜，所以青铜镜应该不只是生活用具，很可能是一种信物、象征。年代再推后一些的古坟随葬品中开始出现甲胄、刀剑等武器，表明最高权力已由祭祀演变为军事领袖。其他墓葬品也大都改为本土制造的物品，如马具、武器等。墓葬样式开始变小，方坟、圆坟较为普遍。

> **历史拓展**
>
> 古坟是日本独特的建筑。现存古坟时代时的不少前方后圆坟，从空中鸟瞰都是锁孔型的坟丘建筑。据称，现今大阪的大山冢（也叫"仁德天皇陵"）为全世界最大的古坟。从公元 8 世纪初开始，日本开始流行火葬，古坟的建造势头逐渐微弱。随后，佛教传入日本，开启了佛教建筑的时代。

从古坟的情况可推测出这里曾有个统一的国家或势力存在，但由于没有文字记载，这部分历史已无从查起。神话传说中倒是有神武天皇东征的故事，但后来确系为皇室出于某种考虑的杜撰。随后，中国史书上长达一个半世纪的时间再无倭国记录。唯一能从侧面推测日本在这一时期，曾经有一场统一的战争，是从 478 年倭王武致宋顺帝的表文中获悉的，表文中写道："自昔祖祢，躬擐甲胄，跋涉山川，不遑宁处，东征毛人五十五国，西服众夷六十六国，渡平海北九十五国。"

第一次侵略朝鲜

如果没有统一强大的政权，国家不会有力量发动对外战争。从这个角度看，大和国入侵朝鲜半岛南部恰恰能表明它有一个统一的国家存在。当时朝鲜半岛的局势是高句丽、百济、新罗三国鼎立。其中百济弱小，想借外力对抗其他两国，

日本入侵朝鲜

369 年，建立任那地方，设日本府	391 年，入侵百济、新罗	399 年，与百济勾结，入侵新罗	400 年，高句丽支援新罗，打败日本	404 年，日本再次被高句丽打败

大和也有自己的打算，于是在 369 年发兵朝鲜，侵攻新罗，征服弁韩之地（朝鲜半岛南部古国名，与"马韩""辰韩"合称"三韩"），建立任那地方，设"日本府"。百济由此成了日本的朝贡国。391 年，大和渡海入侵百济、新罗，加强对朝鲜半岛的侵略。399 年，大和与百济勾结，入侵新罗。400 年，高句丽支援新罗，打败倭军。404 年，倭军侵入带方界，再次被高句丽打败。

倭五王时代的中日关系

根据中国史书考证，"五倭王"即第一代赞、第二代珍（赞之弟）、第三代济、第四代兴、第五代武（兴之弟）。日本学者后来考证为：赞即仁德天皇，珍即反正天皇，济即允恭天皇，兴即安康天皇，武即雄略天皇。从 413 年一直到 502 年，日本曾先后 13 次向东晋、宋、梁各朝遣使朝贡，请求册封。朝贡一方面

▲ 倭王赞（日本改用天皇称呼后，倭王赞大致相当于传说中的第十五代应神天皇）

倭五王时代向中国朝贡史料记载

时间	具体事件
413 年	倭王赞遣使向东晋进贡方物
421 年	倭王赞遣使向南朝刘宋朝贡
425 年	倭王赞又遣使向南朝刘宋献方物
430 年	倭王赞第三次遣使向南朝刘宋朝贡
438 年	倭王珍遣使朝贡，上表要求除正；宋文帝（南朝刘宋）对珍的要求未允，只同意他继承前王的称号——"安东将军、倭国王"
443 年	倭王济遣使朝贡，要求册封。宋文帝仍封他为"安东将军、倭国王"
451 年	倭王济第二次遣使朝贡，宋文帝把倭王珍要求过的称号赐予倭王济，后又晋升其为安东大将军
460 年	倭王济第三次遣使向宋孝武帝朝贡
462 年	倭王兴（济之子）遣使朝贡，宋孝武帝只封他为"安东将军、倭国王"
477 年	倭王武（兴之弟）遣使朝贡，宋顺帝封他为"安东大将军、倭国王"
478 年	倭王武遣使上表。宋顺帝册封时，从倭王自称的爵号中剔除了百济但包括了新罗
479 年	齐高帝封倭王武为镇东将军
502 年	梁武帝封倭王武为征东将军

可以让日本获得中国物品，另一方面出于侵略朝鲜失败的考虑，日本转而试图借助中国的权威而加强在朝鲜半岛的势力。

时间轴 公元 3 世纪末—502 年

3 世纪末	大和国建立
4 世纪中	大和入侵朝鲜南部，建立任那地方，设"日本府"，百济成为日本朝贡国
4 世纪末至 5 世纪初	大和国统一日本
404 年	大和侵入带方界，被高句丽打败
413～502 年	日本曾先后 13 次向东晋、宋、梁各朝遣使朝贡

延伸思考 为什么日本坚持多次向中国朝贡？

心慕儒学的圣德太子：推古朝改革

604 年，圣德太子仿效隋朝制度，推行了一系列改革，加深了儒家思想在日本贵族中的影响力，这场改革实际上效果并不大，但在精神领域却影响深远，可以说为接下来的"大化改新"奠定了思想和理论基础。

《论语》和《千字文》来到日本

593 年，圣德太子在推古女王的支持下正式摄理国政。同一时期，中国结束了长期分裂，建立了拥有强大中央集权的隋朝。圣德太子极力推动中日邦交，多次派出遣隋使以及之后的遣唐使，这种交流和学习大大促进了日本各方面的发展，为之后的大化改新打下了基础。日本的政治制度最初很不完善，倭王是通过中央、地方的氏姓贵族统治全国。氏姓是豪族们能够在经济、政治上享受特权的依据，有姓氏才能被委任做官，氏族制度是社会基础，政治、经济都以氏族为中心。

圣德太子决意仿效隋朝的政治制度，建立一个以天皇为中心的封建中央集权制的朝廷。为了打击氏姓贵族，他制定了 12 阶冠位。冠位并非官职，而是一种特别向贵族授予的荣爵，评定的标准是就任期间的表现，而不是氏族身份的高低，且不能世袭。

日本古代在很长一段时间内是没有文字的，直到公元 3 世纪邪马台国时代，日本才有了懂汉字且能书写的人，而正式把文字和儒学传到日本的是百济的王仁。王仁带着《论语》和《千字文》来到日

▲ 圣德太子

儒学在日本的初步发展

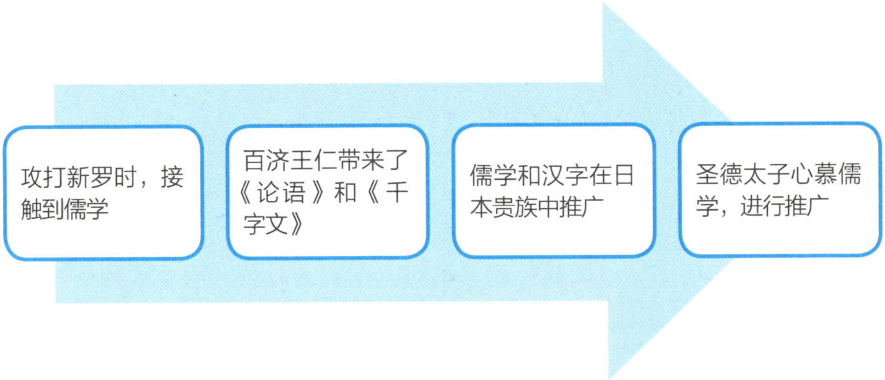

攻打新罗时，接触到儒学

百济王仁带来了《论语》和《千字文》

儒学和汉字在日本贵族中推广

圣德太子心慕儒学，进行推广

本，天皇拜其为师，学习典籍，在他之后陆续又有很多学者到日本教学或者做官。这样，汉字在日本贵族之间得到了推广。随着文字的推广，儒学也传入日本。这一时期，圣德太子在改革中制定了"宪法"。所谓"宪法"，更像是一种道德提倡，核心内容主要是宣传封建大一统的思想。除此之外，他还极力推崇尊孔子，甚至要求国家学堂的学子们把四书当作必修课。儒学此时在日本上流社会中成为主流，天皇诏书中经常引用儒学典籍，民间鼓励孝道，减少异母兄弟姊妹间通婚，这些都可以看出儒学对日本的影响不止于文字和文学方面，在政治思想甚至道德风俗上也带来了明显的改变。总的来说，圣德太子的改革加强了儒学的传播。

▲ 王仁画像

圣德太子和飞鸟文化

日本本土信仰是以血缘和地缘为纽带的氏族神。522年，中国南朝梁人司马达来到日本，他建造了草庵，安置随身带来的佛像。日本人不知佛教，就把佛像称为异域之神。这是日本民间传播佛教的最早记录。后来，百济的圣明王献给日本金铜像一尊、幡盖及经论若干，并在表章中赞扬佛的功德。大和国就此事在朝廷内展开了讨论。朝中分成两派，大贵族苏我氏主张信佛，物部氏、中臣氏主张不信，后来这尊佛像被赐给了苏我氏，这是佛教传入日本的正式记录。

随后，苏我氏等主张信佛的势力与物部氏、中臣氏为代表的保守势力几经较量，最终苏我氏取得胜利。对圣德太子来说，推广佛教，让全国树立共同的宗教信仰，有利于削弱氏姓贵族的势力，进而稳固皇权。他带头建立佛寺，引发了弘扬佛法的热潮，仅624年，全国就建立寺院46所。在他的影响下，日本历史上形成了第一个文化繁荣期——"飞鸟文化"。从推古朝到大化改新之间百年的时间，佛教文化成为其中最大的亮点。飞鸟文化以佛教艺术为主要内容，受中国北魏和南朝文化的影响，分布在以飞鸟为中心的畿内以及周围地区，现在还遗存有建筑、雕刻、工艺美术等。

日本最早的佛教寺院是法隆寺（斑鸠寺），607年由圣德太子建造完工，其建筑特点被称为"飞鸟式"，符合中国六朝时期的建筑样式，也是现存世界最古老的木造建筑物之一。飞鸟时代的佛教寺院建筑非常兴盛，奠定了日本"和式"建筑体系的基础，而且有很多建筑留存至今，著名的寺庙有东大寺、西大寺、元兴寺、唐招提寺等。

在进行推古朝改革前，大和朝是一个以部民制和

▲ 法隆寺

```
              ┌──────────────────┐
              │ 大贵族争论,        │
              │ 苏我氏皈依佛教      │
              └──────────────────┘
   ┌──────────────┐            ┌──────────────┐
   │ 百济献佛像,    │            │ 圣德太子崇佛,  │
   │ 宣扬佛教       │            │ 广建佛寺       │
   └──────────────┘            └──────────────┘
                   ┌────────────────┐
┌──────────────┐  │  飞鸟文化        │  ┌──────────────────┐
│ 南朝梁人司马达  │→ │ 和佛教的传入      │ ←│ 以佛教内容为主的    │
│ 带来佛像       │  └────────────────┘  │ 飞鸟文化形成        │
└──────────────┘                       └──────────────────┘
```

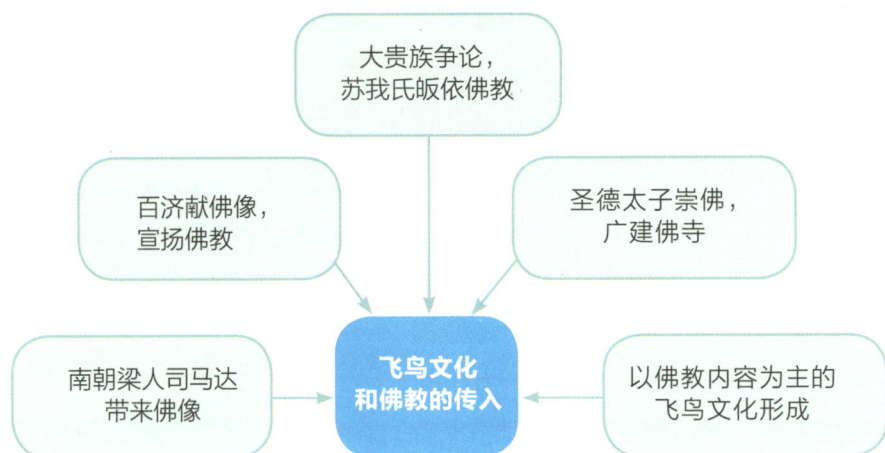

氏姓制度为基础的奴隶制国家,生产力受大陆文明的影响,铁器得到广泛使用,土地大肆开垦,手工业取得明显进步,大量的中国人、朝鲜人为躲避战乱而不断涌入日本。这些外来人口,既包括主动逃去的移民,也有被掳去的战俘,他们带来了大陆先进的生产技术和生产方式,日本奴隶制社会得到了进一步的发展。

推古朝圣德太子以此为改革基础,想要模仿隋朝压制氏族贵族的势力,实现集权大一统,实际收效并不大。例如冠位制在没有废除氏姓制的情况下根本难以推行,宪法也只能作为训诫,而没有实际的约束力。但是这场改革在精神领域的教化作用却影响深远,为接下来的"大化改新"奠定了理论基础。

延伸思考 为什么日本坚持多次向中国朝贡?

时间轴 522—624 年

时间	事件
522 年	中国南朝梁人司马达将佛像带到日本
552 年	百济献佛像一尊幡盖及经论若干,引发日本朝内讨论,佛教传入日本
593 年	圣德太子正式摄理国政
603 年	圣德太子改革开始
607 年	派遣使节出使大隋、修建法隆寺
621 年	圣德太子下令编纂史书
624 年	大力宣扬佛教、建造佛寺

封建制的深入改革：大化改新

部民制已经面临崩溃，阶级矛盾日益尖锐，圣德太子的改革为即将到来的变革奠定了思想基础；而将这场变革深入下去的是大化年间所进行的"大化改新"，几任天皇以坚决的态度用封建制取代贵族部民制，大唐留学生们按照唐律结合日本情况编撰了《大宝律令》，这场律令制改革，让日本的封建制最终确立起来。

留学生们主导的改革

不久，中大兄皇子、中臣镰足和归国的隋唐留学生联合起来铲除了权臣父子苏我入鹿以及苏我虾夷的势力，建立起以孝德天皇为首的新的中央集团政权，年号大化。新政权以中大兄皇子为皇太子，中臣镰足为内臣，苏我石川麻吕为右大臣，阿倍内麻吕为左大臣。

大化元年（645年）八月，朝廷向各地派遣国司和使者，造田籍、校田亩；九月下令没收诸国武器，下诏不可以卖地也不能任意兼并。646年，也就是大化二年元旦，新政权发布《改新之诏》。相对于圣德太子的改革，大化革新显然态度要明确很多，部民制明确地被宣布废除。无论是皇室的屯仓、贵族的田庄，还是部民，全都废除，另把全国的土地和人民收归国有，变成"公地、公民"。同时，在此基础上实行班田收授法与租庸调制。

大化五年（649年），朝文宣布"置八省百官"，建立中央机构。地方设国、郡、里，分别由国司、郡司、里长治理，以这种方式把地方政权重新归于中央的直接控

历史拓展

《改新之诏》写道："初造户籍、计帐、班田收授之法。"诏书没有记载班田法的具体内容。据《大宝律令》和《养老律令》的田令推测，政府每隔6年，给6岁以上的男子口分田两段，女子为男子的三分之二，奴婢为公民的三分之一。受田人死后，口分田归公。

制下。这种设置明显是受唐朝三省六部制和州县制的影响。

大化改新前的社会状况在《日本书纪》中有所描述，据说当时的贵族们随意圈地，把山、海、林、野、池、田圈起来当作自家财产，或是兼并数万顷田，或是把无主的水、陆地一占，就说是私人所属，然后反过来租给百姓，征收地租。很明显，部民制已经发展不下去了，租佃制的产生使百姓不再沦为部民，而是成为佃农。部民奴隶制已经面临着动摇和瓦解。另一方面，贵族为争夺土地而战，朝廷内外、权贵与皇室的矛盾变得尖锐。除此之外，征伐新罗，建造宫殿、陵墓、寺院所带来的沉重徭役，也让部民无法忍受，他们的反抗斗争日益高涨。

大化改新后，社会生产者的主要担当者是班田农民，奴婢虽还存在，但多数已从事非生产性的家庭杂务。这场变革很明显深受中国古代封建帝制思想的影响，以处处限制地方贵族的势力和加强中央集权、君主专制为主导思想。改革后的日本在一定程度上逐渐削弱了氏姓贵族的力量，日本由此进入了封建时代。

> **历史拓展**
>
> 部民制产生于日本统一的征战过程中。大和统治阶级将被征服的部落居民，以"部"的形式组织起来进行生产。部民被编入不同的部，例如提供陶制品的陶部，田庄中耕作的田部，由外来侨民中的有知识者编成的史部、藏部等。其中以在皇室直辖领地中劳作的田部和在贵族的田庄中从事生产的部民数量最多。

中大兄皇子与中臣镰足

无论是斩杀权臣苏我入鹿，还是重用中臣镰足、推动大化改新，甚至最后把皇位让给舅舅"孝德天皇"，中大兄皇子的所作所为都让人印象深刻。这位皇子在 661 年终于成为日本历史上第 38 代天皇——天智天皇。在他成为天皇以后的晚年时期，由于在继承人问题上犹豫不定，最后引发了弟弟大海人皇子和自己的儿子大友皇子为争夺皇位所导致的"壬申之乱"。这场内乱是日本古代规模最大的一场内乱，也是少数叛乱者上位的战争。673 年，大海人皇子即位，成为"天武天皇"。所幸在天武天皇执政期间，大化改新的政策得到了进一步的发展和巩固。

中臣镰足因辅佐中大兄皇子而成为大化改新的中坚力量，他虽然没有去过大唐，却一直在学习唐文化，从分化苏我氏以及建立新政权等事件中都可以看到他

▲ 苏我入鹿暗杀计绘画

起到的关键作用，之后历经孝德、齐明、天智三朝，一直是大化改革的推行者。最终，中臣镰足赐姓藤原朝臣镰足，为藤原氏始祖。藤原氏是日本最大的神官家族，之后藤原氏摄关政治，更是统治日本两百余年。

白村江水战

日本国内新旧势力斗争依然激烈，加上皇室贵族生活奢侈，民众怨声载道，中大兄皇子决意用兵朝鲜来转移国内矛盾的视线，只是他没想到机会来得这么快。起因是朝鲜半岛上的百济攻击新罗，新罗向唐求救，百济反而被灭国，由于王室被屠戮一尽，百济遗臣想起了日本的质子，于是向大和求救。对日本来说，公元4世纪建立的"任那"是大和控制朝鲜半岛的跳板，当然不可丢失，加上国内矛盾激烈，中大兄皇子接到求救信可以说正中下怀。在得到救助后，百济国内局势不稳，不久便遭到了新罗的攻击，百济再次求助日本，而新罗也向唐军求援。就这样，663年，在白江口，唐朝大将刘仁轨率领水军与日本前来援助的军队决战。

关于这场遭遇战，朝鲜半岛的史书《三国史记》中有所记载。在当时，从总体的军力来看，唐与新罗优势明显，但如果只论水军，日本的数量要远远超过唐与新罗。日本水军自大轻敌，直接冲杀过来。按照《旧唐书》的记载，双方交战，唐军四战皆捷。唐军军船数量不多，但是造船技术却远超日本。日本水军

白村江水战双方对比

分类	唐朝与新罗联军	日本与百济联军
兵力	1.3 万	4.2 万
船只	170 艘	1000 余艘
甲胄技术	精良	粗劣
船只技术	精良	粗劣
战争结果	胜	败

日本船虽然多，但兵船技术落后，兵将甲胄质量也不高。日本水军四百多艘木船挤在一起，被唐军连发火箭，火顺着风势延绵开来，连海水都变成了红色。日本水军几乎全部覆灭。

这就是白村江水战，也被称为白江口之战，这次战役是中日两国之间进行的第一次交战，也是东北亚地区已知较早的国际性战役。在这场水战中，唐朝水军以少胜多，战争的结果基本上奠定了一千多年间东北亚地区的主要政治经济与文化格局。

▲ 天智天皇（中大兄皇子）

大和朝廷为了这场战争可以说倾国而出，没想到却遭遇如此惨败，不但把之前在朝鲜半岛的布置全都搭了进去，之后的几年还不得不耗费大量的物力财力布防以备唐军来袭。这场战斗让日本认识到了大唐的强大，碍于局势势必要和大唐重新交好，同时也频繁派遣遣唐使，学习大唐的先进技术和思想。另一方面，中大兄皇子的战败使国内政局产生了危机，为了缓和矛盾，他只能向旧氏族妥协，甚至下诏在某些地区恢复氏姓制和部民制。

《大宝律令》和《养老律令》

673 年，中大兄皇子也就是天智天皇的弟弟正式登基，成为天武天皇，共在位 13 年。他上台后，坚决废除部民制，明确把山林、池塘等天然资源划归"国有"，不允许贵族再独占这些资源。为了继续加强并集中权力，他建立了从中央到地方的三级官僚体制。天武天皇之后的持统天皇、文武天皇，都延续了前代的改革政策，在他们的努力下，日本天皇制国家体制逐步完善起来。

日本这场沿自大化改新的改革，可以说完全模仿法制完备的唐朝，用严格的封建政治制度取代落后的贵族部民制。700 年，文武天皇召集 19 名当时的法律学家、汉学家、大陆移民后裔，随遣唐使以及去过大唐的留学生们，编撰律令。701 年，律令编撰完毕，文武天皇改年号大宝，并颁布《大宝律令》，开始实施。大宝律令是日本历史上重要的律令制法典制度之一。"律"是刑法，虽然是源于对唐律的模仿，但却吸收了日本固有的维持秩序的制度。"令"相当于民法、行政、诉讼的统合，作为基本法存在，以唐律为基础，结合日本的实际情况制定。718 年，藤原不比等奉元正天皇之命，又修成《养老律令》，这部法令由大宝律令略加修改而来，但直到 757 年才得以实施。二者内容相似度很高，日本律令法律的形成，以《大宝律令》的制定为标志。

延伸思考 大化改新与圣德太子改革有什么联系和区别？

时间轴 646—757 年

646 年	新政权发布《改新之诏》
661 年	中大兄皇子继位，称"天智天皇"
663 年	中日爆发白村江水战
701 年	文武天皇改年号大宝，颁布《大宝律令》
718 年	编撰《养老律令》
757 年	实施《养老律令》

第三章

唐风盛行的奈良朝

奈良时代，起于元明天皇迁都平城京，止于桓武天皇迁都平安京。这个时期的日本，文化上承接飞鸟文化，政治上大化革新使国力繁盛，天皇大权在握。随着遣唐使的派遣，唐风传入日本，举国迷恋唐朝文化，贵族们醉心于对唐文化的仿效甚至以此作为身份的象征，因此奈良文化又称作"唐风文化"。有趣的是，奈良朝历经八代天皇，女帝占了其中的四代，共三十年，于是有人戏称奈良朝是女人的天下。

遣唐使的派遣

奈良时代是一个极其崇尚唐风、处处受大陆文化影响的时代，这与日本自603年就开始多次派遣遣唐使和留学生、留学僧到长安进行学习是分不开的。阿倍仲麻吕、空海、吉备真备、最澄是其中比较著名的人物。

庞大的使团队伍

日本选派遣唐使一般会优先选择那些长于文墨、熟悉唐朝情况或者有一技之长的人。整个使团由各种职业的人士组成，再带上留学生随行，初期使团人数在250人左右，后来最多时达到600人。这支庞大的以学习为目的的船队一般由2~4艘船组队前行。

公元8世纪以前，船队走的是北路，最终在山东半岛的登州附近上岸。这条路由于一直是沿海岸线行驶，比较安全。在日本和新罗关系紧张后，遣唐使船队改行南路，横渡东海，从扬子江口上岸。这条路线很艰难，遣唐使在往返途中遭遇风暴船破人亡的事常有发生。

这些船上有造船都匠、医师、神官、阴阳师、画师、史生、玉生、音声生、锻生等，他们会利用在唐朝的时间积极学习相关科

▲ 遣唐使渡海图

▲ 吉备真备（菊池容斋绘）

▲ 阿倍仲麻吕画像

学文化知识，由于当时的长安不仅是唐代文化中心，同时也是波斯、印度、拜占庭、中亚等东西文化交流荟萃之地，所以这些遣唐使所学习的可以说是当时国际文化交流的精粹。遣唐使还兼职贸易使团，他们带来的物品可以用作交换，在回行时则带走大量唐朝回赠的礼物和商品。

留学生们的故事

遣唐使另一个重要任务就是把留学生和留学僧人带到大唐学习，经过长期系统学习后，再学成归国。他们是日本学习唐文化的主要力量。相比遣唐使，他们在唐时间很长，有的甚至在这期间娶妻生子，他们的文化知识、生活习俗都已经与唐人无异，很多人为中日文化交流和日本社会文化发展做出了杰出贡献，并涌现出很多著名人物。

最著名的遣唐留学生当属阿倍仲麻吕，汉名晁衡，他于 717 年入唐，在唐期间学习成绩优异，甚至通过科举考试，成为宾贡进士，担任了一系列的官职。753 年，他离开大唐回日本时，王维曾为他作诗一首。后来误传他沉船遇难，好友李白也曾伤感地写下了悼诗《哭晁卿衡》，此诗成为自古以来中日友好的历史见证。晁衡回国后不久又于 755 年重返长安，从此再没离开，以 73 岁高龄终老于长安。晁衡死后，唐朝追赠其潞州大都督（从二品），日本政府追赠其正二位。

空海和尚，法号遍照金刚，谥号弘法大师，804 年入唐求学，日本佛教真言宗（又称"东

▲ 空海笔尺牍

密"）的创始人，他编纂了《篆隶万像名义》，是日本第一部汉文辞典，另一部文学作品《文镜秘府论》则保存了很多古代文论的史料，现在成为了解汉唐中国文学史的重要资料。吉备真备，与阿倍仲麻吕同期入唐，在唐 17 年，回国后任大学助教，教授五经、三史、明法、算术、音韵、篆六道。他所带回的《唐礼》，对日本朝廷的礼仪有较大影响，后来他以遣唐使的身份再次入唐，归国后官至右大臣，从二位，在传播唐文化上起到了重要作用。最澄，与空海同时入唐，拜入天台山国清寺，归国时携带了 230 部经典，在比睿山创立日本天台宗，使天台宗日本发扬光大，他本人被看作日本的"玄奘"，而中国的天台山国清寺也被其信徒们视为祖庭。

▲ 最澄画像

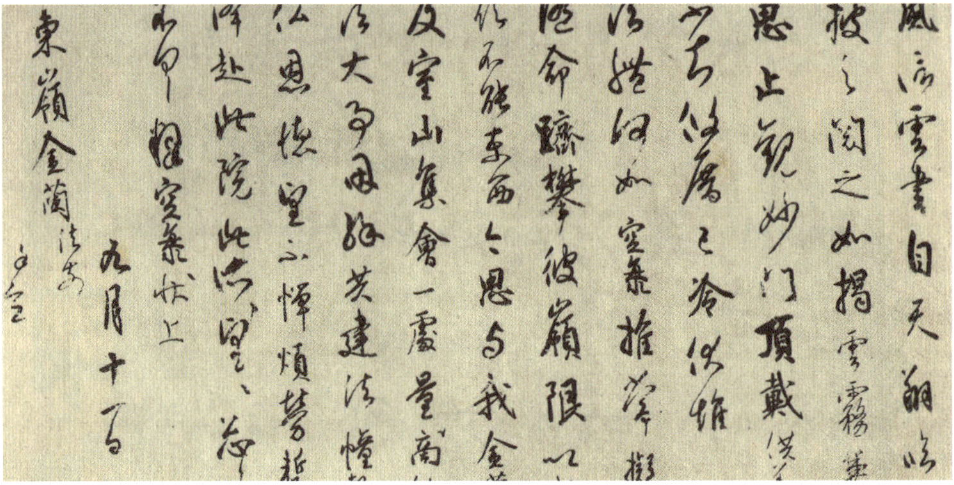

▲ 风信贴第一帖（空海与最澄三篇书信的合称，是日本书法国宝）

遣唐使的派遣一直持续到 895 年，这期间日本一共任命了 19 次遣唐使，成行的有 16 次，除去一些特殊情况，名副其实的派出遣唐使一共有 12 次。260 多年的遣唐使的存在，深深影响了日本社会经济、政治制度、文化生活，直到后来日本终止了遣唐使的派遣，才逐渐摆脱唐风影响，形成了具有日本本土特色的国风文化。

历史拓展

阿倍仲麻吕姓朝臣，是日本孝元天皇的后裔，19 岁从日本来到中国大唐，经过数年苦读，参加了唐朝科举考试，成为日本人中唯一顺利通过进士考试的人。他在大唐旅居 54 年直至终老，历经玄宗、肃宗、代宗三朝，是中日文化交流史上的著名人物。

时间轴 603—895 年

603 年	日本第一次派遣唐使
717 年	阿倍仲麻吕随使团入唐，一生在大唐 54 年
755 年	阿倍仲麻吕重返长安
895 年	停派遣唐使

延伸思考 遣唐使的任务和目的是什么？

鉴真东渡

大唐是一个兼容并蓄、宽容开放的国度，随着日本不断派遣遣唐使前来，大唐也不断有人东渡日本进行文化交流，其中贡献最大者是鉴真和尚。鉴真开创了日本律宗，严酷的佛法律学契合了日本的律令改革精神，在当时深受朝野推崇，被后世尊为日本律宗初祖。

六次东渡终成行

大唐开元二十一年（742年），日本第九次派遣遣唐使来到大唐。使团成员中的留学僧人向鉴真和尚发出了邀请，希望僧人东渡，传法授戒。鉴真答应后，开始了东渡日本的准备。鉴真东渡历经磨难，饱受波折，直到753年，双目失明且已有六十多岁高龄的鉴真和尚携弟子终于抵达奈良，使得东渡弘法和传播大唐文化的宏愿有了实现的可能。

日本由于佛法不全，所以僧人通常"自誓受戒"，这点往往被人利用以逃避劳役赋税。鉴真的到来，破坏了这种潜规则，遭到当地僧人的群起反对。鉴真提出公开辩论，最终彻底折服了当时的日本僧人，并于东大寺起坛，为包括天皇、皇太后以及众多皇族和僧侣约500人授戒，自此担任大僧都，统领日本所有僧尼，在日本建立了正规的戒律制度。从此，鉴真被认为是日本律宗始祖。

鉴真对授戒的严格要求符合当时日本律令制改革的潮流，佛法律学严酷也从侧面彰显了国家律令的权威，可以说恰好满足了当

▲ 鉴真第六次东渡图

时改革派的政治需求。759 年，鉴真按照唐朝寺院的规划修建了著名的"唐招提寺"，从此他就在唐招提寺讲律传戒，受到日本朝野的尊敬，佛教逐渐成为革新力量的又一支柱。除了弘扬佛法，鉴真也精通医学，凭着嗅觉辨别草药，为人治病。他留下一卷《鉴上人秘示》的医书，对日本的医药学发展做出了贡献。而他带去日本的中国佛经印刷品和书法碑帖对日本的印刷术、书法艺术也都有很大影响。763 年，鉴真法师在日本唐招提寺圆寂。漫漫十年，这位僧人对中日文化交流做出的贡献不可磨灭。

▲ 鉴真坐像

奈良时代的寺院

在公元 7 世纪以前，日本并没有固定的"国都"，政治中心往往随着天皇所在地而改换，随着日唐、日朝文化交流的频繁以及律令制的影响，大和贵族们感受到了一国之都的重大意义，于是兴建了完全模仿隋唐长安城的平城京。710 年，元明天皇下诏正式从藤原京迁到平城京（今奈良）。平城京东西约 4.2 公里，南北约 4.8 公里，面积相当于当时长安城的四分之一，所以被称为"缩小版的长安"。城内如同棋盘，被整整齐齐划分为数十个"坊"，北部正中是平城宫，为皇宫所在。

由于当时佛法大兴，除了后来新建的寺院，城内很多寺院都是跟着迁都而重新修建的，如药师寺、元兴寺、大安寺和兴福寺、法兴寺（飞鸟寺）等都是从飞鸟迁来，但这仍然不能满

历史拓展

中国历史上另一位名僧玄奘也曾历尽千辛万苦求取真经，他的故事广为传播，与鉴真东渡的故事有相似之处。鉴真东渡日本是通过"传经"去传播本国先进文化，影响了日本文化；玄奘西行印度，是为"取经"学习他国先进文化，促进了中印交流。

足崇尚佛法的贵族们的要求，当时的佛教寺院基本都由国家兴办，除了在各国国都兴建国分寺外，圣武天皇更是举全国财力，又号召民众自愿出力，终于在 751 年建成东大寺。

佛教已成为国教，寺院多数为官寺，政府把佛教当作缓和律令制所引发矛盾的法宝，寺中僧侣诵读以保佑国家为教义的最胜王经、仁王经、法华经，祈祷国家平安。寺院的经济来源主要是天皇、政府、贵族的赏赐与施舍，包括土地、封户、奴婢以及财物等。这些建在都市里的佛寺有着浓厚的国家政治色彩，僧侣们被国家保护，被贵族优待，富有而且极有权势。后来朝廷还下诏建立国分寺并建造东大寺大佛。

随着中国佛教宗派的传入，日本逐渐形成了六宗：三论宗、成实宗、法相宗、俱舍宗、华严宗、律宗。日本佛教史上称之为"奈良六宗"，相对于平安时代的京都，又称为"南都六宗"。奈良时代的寺庙被建在奈良城中，受政治影响很大。追溯起源，这些教派的传入者大都是留学僧或渡来僧，他们与中国大陆的佛教宗派有着极深的渊源。

延伸思考 日本朝廷对鉴真东渡是什么态度？为什么？

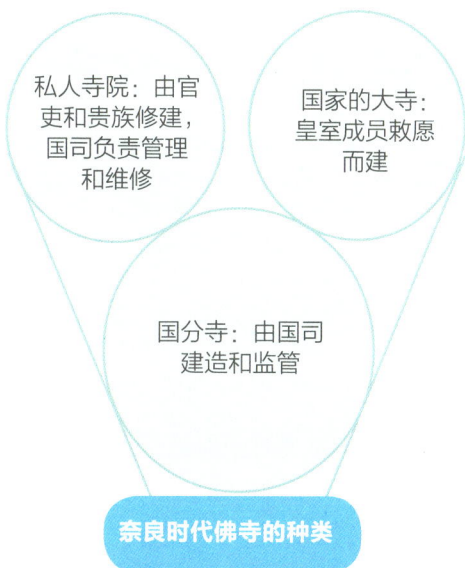

私人寺院：由官吏和贵族修建，国司负责管理和维修

国家的大寺：皇室成员敕愿而建

国分寺：由国司建造和监管

奈良时代佛寺的种类

时间轴 710—763 年

710 年　元明天皇迁都平城京，奈良时代开始

742 年　第九次日本遣唐使邀请鉴真东渡日本传法

751 年　东大寺建成

753-754 年　鉴真第六次东渡终于抵达日本，进入奈良，并在东大寺为日本皇族和僧侣授戒

759 年　鉴真按照唐朝寺院的规划修建了著名的"唐招提寺"

763 年　鉴真法师在日本唐招提寺圆寂

唐风洋溢奈良城

　　大唐文化对奈良朝的影响可谓是全方位的。这个时期似乎所有的日本人都在疯狂地迷恋大唐的一切。无论从政治制度、生活方式、文物典章还是民间习俗上，都染上了浓重的唐代文化色彩。

日本版诗经《万叶集》

　　《万叶集》是日本现存最早的和歌总集，地位相当于中国的《诗经》，收录了流传于公元4世纪到8世纪的大部分作品，作者既有天皇王孙，也有底层民众，题材极其丰富，反映了当时的社会万象。《万叶集》收录成书时，日本还没有自己的文字，里面的诗歌是借用汉字和万叶假名记录下来的。这本诗歌集也证实了中日友好交往和中国文学对日本古代文学的重大影响，不仅以汉字作为注音符号，还收编了部分描写遣唐使来唐所做的汉诗。

　　从这本书中我们得以一窥生动的奈良风貌，它也被认为是了解日本历史和社

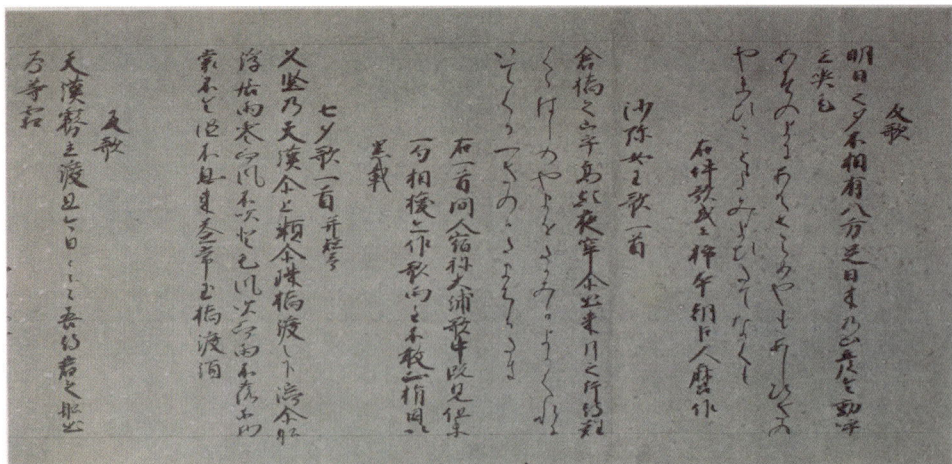

▲《万叶集》部分内容

会风貌的一面镜子。

《万叶集》与《古今集》《新古今集》并称三大歌集，是日本现存最早的和歌总集，收录了629—759年的作品，共计4500余首。这130年是和歌发展的黄金时期，文学史上又称其为"万叶世纪"，由此可见《万叶集》在日本文学史中的地位。

751年成书的《怀风藻》是日本人创作的汉诗记，作者多为皇室成员，可见当时日本贵族对唐诗的喜爱。现在这些诗成为我们了解日本上层生活尤其皇室活动的一个窗口。

《古事记》《日本书纪》《风土记》也是在这个时期成书并流传至今的作品。其中《古事记》记叙了大量远古神话和民间所流传的众神，虽然被认为是一部史书，但又带有明显的文学性质。《日本书纪》共30卷，是日本最早的正史，它是一部模仿中国正史体裁，用汉文书写的编年体史书，史料价值高于《古事记》。《风土记》也是用汉字创作的，属于国别地志，书中记叙了当时日本的风土人情与生活习俗，能帮助我们了解公元8世纪前期的日本地方状况。

作为日本官吏的基本素质

日本政府为了能够全面学习唐朝文化，还在中央设立了"大学"，在地方设立"国学"，作为培养官吏的机构。757年，孝谦天皇下令让每家必备一部《孝经》，还把儒家经书定为主课，以儒家思想培养各级官吏。这些机构面向官吏子弟，大学定员为400人；国学为选拔郡司子弟，名额在20～50人。大学课程以明经（儒家经

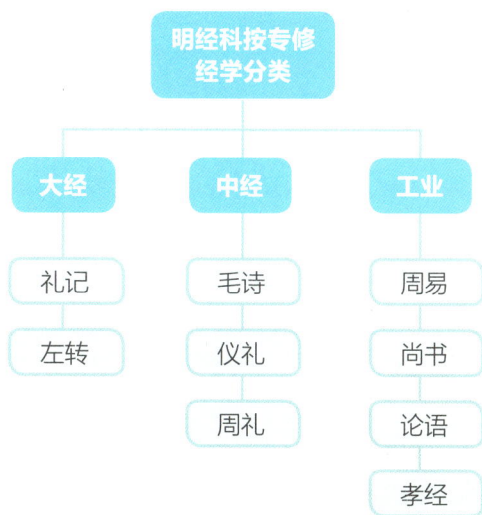

明经科按专修经学分类

大经	中经	工业
礼记	毛诗	周易
左转	仪礼	尚书
	周礼	论语
		孝经

典）、法律、历史、音、书、算等学科，以明经科为主。除了大学、国学以外，设历法博士、天文博士，传授历法和天文知识；宫内设针博士、按摩博士等传授医学知识。

奈良"宝库"正仓院

正仓院是奈良时代存放第 45 代天皇圣武天皇遗物的仓库，原本是东大寺的宝物殿，到明治时代，整个正仓院连同宝物划归皇室专有，脱离东大寺，从此以"正仓院"之称闻名世界。

▲ 正仓院献物帐

圣武天皇是元明天皇之孙，他笃信佛教，创建了国分寺和东大寺，在位期间即"天平时期"曾两次派出遣唐使，努力学习大唐文化知识，整个奈良时代的文化也可以看作广义上的"天平文化"。756 年，圣武天皇去世后，光明皇后将其遗爱之物捐献给东大寺"卢舍那佛"（圣武天皇在卢舍那佛前自称"三宝奴"），为他祈福。

正仓院的藏品约 300 余件，种类有武器、乐器、文具、日用器具、游戏用具等，包含金工工艺品、漆工工艺品、高级纺织品、复杂技艺染制的染色品、雕花玻璃工艺品等，这些工艺品的式样、图案、工艺，不仅有明显的唐风，还表现出了印度、西域、波斯、希腊、东罗马等多种文化风格。这些宝物的存在，说明日本不仅吸收了唐文化，还通过大唐汲取世界各地的文化。正仓院是日本奈良时代的宝库，也堪称世界文化的宝库。

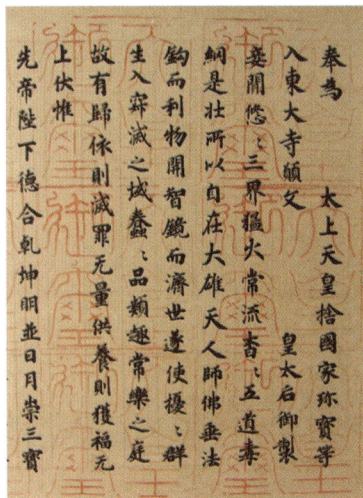

时间轴 公元 8 世纪中期

公元 8 世纪中期

《万叶集》成书

《怀风藻》成书

圣武天皇去世，光明皇后将其遗物捐献正仓院

孝谦女帝把儒家经书定为大学主课

延伸思考 既然日本当时还没有文字，那么《万叶集》是怎么写成的？

班田制的动摇与庄园制的产生

奈良时代坚持大化改新的经济政策，班田法和租庸调制在一定程度上促进了社会生产的发展，有利于社会进步。但进入公元 8 世纪以后，班田制已经无以为继，庄园制形成，标志着日本早期封建制的发展进入了新阶段。

名存实亡的班田制

班田的年龄限制从 6 岁提高到 12 岁，每 6 年一班改成 12 年一班，但即使这样，土地数目仍然不足，而且农民即使得到土地，也大都是属于下田的贫瘠土地。另外，班田的程序过于繁杂，班田前先要收到太政官的命令，然后提供授扣账和校田账，呈报给太政官，获得核准之后才能开始班田。这一过程的完成往往历经数年，导致班田根本无法按期进行，而新增的受田人口也不能及时班给口分田。已有班田的农民负担更重，除了徭役沉重，还不得不接受以国家贷稻和私人贷稻形式的高利贷的盘剥。这使农民不但难以获得再生产的条件，而且更加贫困。

班田农民不堪忍受，只好弃地逃亡，逃亡的人多了，大量土地无人耕种，农田荒芜废弃，可以班田的土地数量就更少。政府虽然竭力禁止农民逃亡，但在沉

▲ 水车旁忙碌的百姓

41

重的徭役赋税和无法承担的高利贷的双重压力下，逃亡的人数有增无减。逃亡的农民和奴隶虽然对土地和耕种有着本能的渴望，但他们的出路不是成为"盗""贼"，就是进入贵族和寺社的领地，成为"庄园"的庄民。

庄园制的产生

为了鼓励农民开垦荒地，政府曾经下令凡是新开垦的土地不论多少都归开垦者三代所有，但如果是利用了原有沟池开垦的土地只能拥有一代，这样的政策并没有调动农民的积极性，因为土地终归还是要归国家。政府最终不得不改变了政策，723年颁布了《三世一身法》，规定开垦生荒可传三世后归公，开垦熟地可享用一生。

743年，朝廷又出台了《垦田永世私财法》。这个法令规定根据个人身份地位限额内所开垦的土地允许永久私有，以防止土地复荒。这一制度相当于明确了把土地国家所有转化为土地私有的合法性。贵族、寺院开始占有大量土地，同时还驱使名下所有奴婢、班田农民以及逃来的农民进行大规模的开垦。

为了方便管理，他们在开垦出的土地上修建管理者的住宅和仓库，这就是庄园的雏形。贵族寺院除了开荒占地，还想尽办法不断买入和霸占周围农民的口分田，扩大庄园。而寺院原有的寺田、神田，贵族所有的值田、功田、职田也逐渐纳入到庄园体系中。

作为庄园主，他们会委托庄长对庄园进行管理，庄长可以直接委派，也可以任命当地豪族。从庄民来看，负担仍然很重，但相比原先的生活，他们摆脱了律令制下过重的徭役，一定程度上得到了人身的解放。所以，庄园制比班田制有进步的地方，庄园制的产生标志着日本早期封建制的发展进入了新阶段。

延伸思考

班田制为什么难以为继？

时间轴 646-743 年

646 年	大化改新宣布实行班田制
723 年	《三世一身法》
743 年	《垦田永世私财法》

藤原氏的兴衰荣辱

藤原氏在日本历史上有着浓墨重彩的辉煌，这个家族的始祖中臣镰足就不用说了，他的儿子藤原不比等参与编纂了《大宝律令》和《养老律令》，也是历经飞鸟时代到奈良时代初期的公卿，死后还被追赠正一位太政大臣，官至极品。对于他的离世，天皇极为痛心，甚至敕令天下，不得取名为"镰足""不比等"。

▲ 藤原不比等画像

权倾朝野的藤原四兄弟

藤原氏在平安朝获得了最大的权柄，成为日本的实际统治者，但这一过程却如同任何政治斗争一样，惨烈异常。藤原不比等死时有四个儿子，分别称为南家、北家、式家和京家。此时执掌太政官权力的还是皇族长屋王。由于新继位的圣武天皇的母亲、妻子都是藤原氏的女儿，圣武天皇想给母亲加尊号，却遭到了长屋王派系的反对，他想封妻子为皇后，又遭到反对，这大大激怒了藤原氏。729年，藤原氏控制了禁卫军，诬陷长屋王"私学左道，欲倾国家"，包围其住宅，迫其全家自杀。于是，藤原氏取得全面胜利，不但女儿当了皇后，四兄弟还把持了朝

> **历史拓展**
>
> 光明皇后，姓藤原氏，长屋王之变后被册封为圣武天皇皇后，她开启了"非皇族出身皇后"的先河，也是藤原氏一族女子成为皇后的开端。她一生笃信佛教，东大寺以及国分寺的建立都出自她的建言。圣武天皇驾崩后，她将天皇遗物捐赠给东大寺，著名的宝库正仓院正是因此创建。

43

▲ 橘诸兄画像

政。获得政治红利的除了四兄弟，还有皇后同母异父的兄弟葛城王，葛城王后来被赐橘姓，名为橘诸兄。737年，平城京内流行天花，显赫一时的藤原四兄弟先后病逝，橘诸兄掌握了朝政。

为了平衡朝中的政治力量，圣武天皇起用身份较为低微的僧人玄昉和吉备真备。藤原广嗣（藤原宇合长子）对此极力反对，却因此被贬于九州。740年，他在九州招兵买马，公然叛乱，史称"藤原广嗣之乱"，最终以其被捕处死落幕。这之后，显赫的外戚家族藤原式家走向了没落。不过玄昉和吉备真备后来也没得善终，而橘诸兄最终被藤原南家的仲麻吕所替代，藤原仲麻吕是四兄弟中藤原武智麻吕的第二子。天平胜宝元年（749年）七月，圣武天皇让位于孝谦女帝，藤原仲麻吕官拜大纳言，他维持律令制，下令继续班田。天平胜宝八年（756年）五月，圣武上皇去世，他扶持了新的储君，权势达到极点，并继续施行《养老律令》。

太政大臣惠美押胜

758年，孝谦女帝退位，淳仁天皇登基，藤原仲麻吕被任命左大臣，并被赐下新名"惠美押胜"，两年后升任太政大臣，被称"太师"，藤原氏再次权倾一时。然而好景不长，退位的孝谦上皇和淳仁天皇因为道镜和尚发生了矛盾，惠美押胜站错了队，与淳仁天皇密谋起事反抗孝谦上皇，结果在764年战败而死。天平宝字六年（762年）六月，淳仁天皇被废，孝谦

历史拓展

正一位，是日本品秩制度中最高者，绝大部分获得正一位者都是"死后追赠"，所以正一位基本是"死人专用"。日本人对正一位具有"完美主义"的幻想，认为只有"完美无缺"的人才有获得正一位的资格，而这人在获得正一位后会不会继续"完美"下去显然是个未知数，因此宁可在这人死后盖棺定论后才"追赠"。

```
                    女帝之路
          ┌───────────────┴───────────────┐
   第一次继位（749—758         第二次上位（764—770
     年）孝谦女帝                年）孝谦女帝
   ┌──────┴──────┐        ┌──────┼──────┐
 父亲：圣武天皇   758年，让   废淳仁    上位后改称   宠信道镜
 母亲：光明皇后   位于淳于天皇  天皇     称德女帝    和尚
```

上皇再次上位，史称称德女帝。随着惠美押胜之死，藤原南家也就此衰弱，但是朝中显贵中，仍有相当一部分是藤原氏的子弟，比如左大臣藤原永手（北家）、内大臣藤原良继（式家）等，但权力最大也最有智谋的，还是式家的藤原百川。

称德女帝生活放纵，无心朝政，她宠爱道镜和尚，竟然封其为太政大臣，并封其为法王，这大大刺激了道镜的野心，甚至谋夺皇位，所幸不久后称德女帝驾崩，光仁天皇即位，道镜和尚灰溜溜地被赶出了京城。藤原百川得到了光仁天皇的信任，不遗余力劝说光仁天皇，立山部亲王为东宫。781年，光仁天皇退位，山部亲王登位，这就是鼎鼎大名开启平安时代的桓武天皇。

延伸思考 藤原氏如何权倾朝野？

时间轴 729—781 年

- 729 年 藤原氏逼死长屋王，四兄弟把持朝政
- 737 年 藤原氏四兄弟先后病逝
- 740 年 藤原广嗣之乱
- 749 年 7 月 圣武天皇让位于孝谦女帝
- 756 年 5 月 圣武上皇去世
- 758 年 孝谦女帝退位，淳仁天皇登基，藤原仲麻吕被任命左大臣，并改名"惠美押胜"
- 762 年 6 月 淳仁天皇继而被废，孝谦上皇再次上位，史称称德女帝
- 764 年 惠美押胜战死
- 769 年 称德女帝驾崩，光仁天皇即位
- 781 年 光仁天皇退位，桓武天皇即位，开启平安时代

第四章

源氏物语：平安时代

　　781 年，桓武天皇始意改革。从他迁都平安京开始，到源赖朝建立镰仓幕府结束，共 400 年的时间，史称平安时代。在这一时期，大贵族势力膨胀起来，藤原氏建立"摄关政治"，独揽大权。为了争夺权力，上皇们开始了"院政"。新兴的武士阶层展现了力量。1167 年，平清盛成为新一代的太政大臣。

🌸 桓武朝的改革

桓武天皇意识到现今政局岌岌可危，他很想通过改革来挽回政局，但无论是整顿吏治还是赋税改革，都不过是杯水车薪，于是在 794 年，桓武天皇迁都平安京（今京都），并进行了一系列的改革。

天皇在平安京

平安京的格局和平城京差不多，都是仿长安城建筑。北部中央为内里，城中由南北走向的朱雀大街相隔为左京和右京，然后由平直的多条横、纵向街道分割为数十个坊。桓武天皇在平安京四周建有许多神社，但不允许平城京的旧寺社搬迁过来。

迁都之后，与在奈良遭受的大贵族和大寺院守旧势力的制约相比，京都显然要自由很多。桓武天皇积极维护法治，刷新地方法治。于 786 年，制定国郡司考绩条例 16 条，作为考核地方官吏政绩的标准，极力肃清地方政治，破格任用人才，裁减编外冗余机构。历时 16 年后，即 797 年，新设勘解由使一职，整饬地方官纪。而在社会经济制度方面也进行了改革。其鉴于班田收授制度存在的问题，于是将授田时间从 6 年一班改为 12 年一班，出举稻的利率从 50% 降

▲ 桓武天皇画像

▲ 检非违使的绘画形象

至 30%；同时，于 789 年承认良贱通婚，并给其子女良民身份，这有利于奴隶制的取消。这是从法律上彻底取消奴隶制度的一个重要举措。以此为基础，公元 10 世纪初，醍醐天皇根据此举措，通过法律明确废除奴隶制。继桓武天皇之后，几任天皇都先后进行了不同程度的改革。嵯峨天皇制定了"弘仁格式"，针对改革的需要不断修改律文。其为了提高行政效率，设置了"藏人"和"检非违使"的新职位。其中藏人的职责相当于秘书处，其首领称"藏人头"，掌管机密，传达诏书。"检非违使"执掌京都军事、警察、审判事宜。这两个官职后来改为常设，权限也越来越大。

田堵制和名田的出现

天皇的改革虽然起到了一定作用，但在历史大局面前不过是杯水车薪，班田制的崩溃无法避免。桓武改革之后的第一次班田是在 17 年后，再下一次竟然隔了 53 年。既然改革无法挽救国家财政，朝廷只好实行新的租赋课税方式，于是一种叫作"田堵制"的方式出现了。"田堵"一词源于日本土地占有者会在其所占土地的周围筑堵（墙）的习惯。田堵制要求农户主动承包一定面积的土地，承担纳租的责任，但是需要每年订契明确这种责任。一方面是国家力图用这种方法来阻止土地被农民所占有的事实，另一方面，也不得不在一定程度上承认这种占有方式。这个时期的征税标准不再根据户籍上的人口数，而是按照土地面积。这种方式使得农民对耕地的占有相对稳定，于是所有者给土地加上自己的名字，这就是"名

"田"的由来，所有者就是"名主"。到了公元 11 世纪以后，名田成为国衙领地的基本赋课单位，也成为庄园的基本赋课单位，因为庄园大部分已由名田构成，徭役地租逐渐消失，实物地租成为主导，这是成为封建社会发展的标志之一。

历史拓展

　　名主就是庄园领主，又叫庄屋或肝煎。武力较强，领地较大，甚至管辖整个行政区域的就是大名主，简称大名，管辖数个行政区域的被称作"大大名"，否则即为小名。到了室町时代，大名由幕府任命，又称为守护大名。

庄园制的形成

　　早期庄园主需要从来自庄民的年贡中拿出一部分上交国家，国家有关机构（国衙）对庄园的土地可行使调查权。这些"检田使"和"征税吏"可以自由进入庄园，进行检田、收租、征调劳力。

　　随着贵族庄园主权势的扩大，他们想尽办法获得免租特权，进而获得不入的特权。不仅是国衙人员不得进入庄园，甚至整个庄园的司法权和警察权都收归庄园主所有。于是，庄园不出租权、杂役免除权、不入权的取得使庄园主获得了统治庄园的权力，成为真正的领主，庄园也成为完全的私人领地。这种情况愈演愈烈，到公元 12 世纪时已相当普遍。

庄园内部阶层

下司职（庄官）　　领家职　　本所职

　　"寄进"就是一种虽然没有特权但享有特权和庇护的方式，他们为了让自己的庄园也能"不输不入"，而把自己的庄园进献给中央贵族和大寺社，奉之为领主，成为"领家"，这当然也需要分出年贡的一部分给领主。如果领家仍不足以获得特权，则可以继续层层进献，奉其为"本家"。

　　以上这种制度被称为庄园领主土地等级所有制，这种制度不是自上而下的分

▲ 平安时代的大和绘

封，而是通过自下而上层层进献土地所有权形成的。这种所有制无法保证进献者和受献者的关系，但却实际上保证了进献者（开发领主）在庄园的实力。本家、领家只是名义上的领主，"庄官"才是实际所有者，他们拥有对庄园的最大权力：经济、司法、行政权，甚至是组织武装力量，这也正是后面武家政权的支柱。由此可见，这种庄园式的领主土地等级所有制是极不稳定的。这个时期的生产力取得了明显的进步，铁制农具、牛马耕作都已普及，一些水稻生产技术也得到了广泛传播，比如浸种、插秧、除草的方法等。

另外，在农业和手工业方面也有了明显的分工。在一些大城市出现了手工业作坊，掌握特殊技能的工匠分工越来越细，如织匠、木匠、泥瓦匠、刀匠、炉匠、漆器匠、金银器匠等。"市人""市女""贩夫"的出现使得商业逐渐活跃。

延伸思考
桓武天皇为什么迁都？改革有用吗？

时间轴 781—797 年

781 年	桓武天皇即位
786 年	朝廷制定国郡司考绩条例 16 条
792 年	废除边境以外的征兵制，实行"健儿制"
789 年	朝廷承认良贱之间通婚为合法，所生子女为"良民"
794 年	迁都平安京
797 年	新设设勘解由使一职

藤原氏"摄关政治"

"摄关"是摄政和关白的合称，这是平安朝时期藤原氏外戚干政的结果。藤原氏以外戚地位实行寡头贵族统治，从而形成的政治体制被称为摄关政治，具体是指天皇幼时，由太政大臣代行政事。待天皇年长亲政后，摄政改称关白，辅助天皇总揽政事。

源氏、平氏的由来

桓武天皇死后由其子平城天皇于 806 年继位，这位天皇在位仅 4 年，因生活糜烂、身体虚弱、无心朝政而宣布退位，由嵯峨天皇于 809 年继位。令人啼笑皆非的是退位之后搬到奈良的平城天皇依然妄图发号施令，嵯峨天皇针对此事立刻改年号为"弘仁"，暗示这已经不是他的年代。最终平城天皇被迫出家为僧，表示放弃已有身份。嵯峨天皇通过这一事件完成了清洗，彻底掌握了朝政。

嵯峨天皇喜好舞文弄墨，写诗作赋，在他的带动下，日本的宫廷文化达到全盛。他崇尚佛法，在他的大力支持下，曾经留学大唐的名僧最澄和空海先后创立了日本天台宗和真言宗。这位天皇子嗣众多，国库入不敷出，养不起这么多皇子，于是他想了一个办法，在弘仁五年（814 年）把母亲地位比较低的

▲ 嵯峨天皇画像

历史拓展

嵯峨天皇是唐代大诗人白居易（字乐天）的狂热粉丝。有时他会故意把白居易的诗念错，看看臣子是否熟悉白居易的诗句，若是同好，就会对对方另眼相看。有一次嵯峨天皇召见有"日本白乐天"之称的臣下小野篁时故意念了一首"闭阁惟闻朝暮鼓，登楼遥望往来船。"小野篁回答道："圣作甚佳，惟'遥'改'空'更妙也。"这位天皇赞道："卿之诗思已同乐天矣。"

32位皇子统统降格，赐"源"氏，这就是嵯峨源氏的由来。由他开了这个头，此后的天皇便纷纷仿效。825年，淳和天皇（嵯峨天皇的继承人）把桓武天皇的孙子赐以"平"氏，后被称为"桓武平氏"；清和天皇后裔的"清和源氏"、宇多天皇后裔的"宇多源氏"、村上天皇后裔的"村上源氏"也相继出现。

823年，嵯峨天皇宣布退位，继任者是他的异母弟弟淳和天皇，淳和天皇在833年退位后把皇位传给了嵯峨天皇之子仁明天皇，然而，直到此时，实权仍然牢牢掌握在嵯峨天皇手里，这便引起了朝中重臣藤原氏的不满。

直系皇统的确立：承和之变

藤原氏经过一段时间的没落，因为藏人所的设置，重新走上朝堂。藤原冬嗣和他的次子藤原良房都是从藏人做起，更重要的是通过和皇室联姻，成为皇室外戚，这也是藤原氏发家的政治基础。藤原氏原本是权门贵族，几代人凭借"职分田""位田""职封""位封"和临时赏赐占有大量土地、劳力、财富，这是藤原氏发家的经济基础。

这次藤原家扶持的是嵯峨天皇之子正良亲王，也就是后来的仁明天皇。仁明天皇之妻为藤原冬嗣之女，生子道康亲王，他即位时上面有两位上皇。在皇太子人选上，上

▲ 文德天皇画像

皇要求指定淳和天皇之子恒贞亲王为继承人。嵯峨上皇在世时还能控制朝堂局面平衡，等两位上皇先后离世，朝局立刻失控，藤原氏急不可耐地表达了他们的不满。842年，藤原良相（良房之弟）率近卫府包围了皇太子居所，以谋反罪逮捕了皇太子部下的大臣，恒贞亲王的皇太子之位被废，东宫妃的父亲大纳言藤原爱发、中纳言藤原吉野、东宫大夫文室秋津等六十余人全数贬职或流放，史称"承和之变"。

▲ 藤原良房画像

承和之变是一起早有预谋的政治斗争，主谋是藤原良房和仁明天皇。承和之变最大的影响，不仅是把恒贞亲王一系全部铲除，更重要的是嵯峨、淳和兄弟政权迭立的解除和嵯峨－仁明直系皇统的确立。这是藤原良房在父亲藤原冬嗣去世后正式踏入政治舞台后所谋划的第一件大事。"承和之变"后，藤原良房晋升为正三位大纳言，取代了他的叔父藤原爱发，848年再次升任右大臣。850年，仁明天皇去世，道康亲王继位，史称文德天皇，立惟仁亲王为东宫。而惟仁亲王的母亲明子是藤原良房之女。作为东宫的外公，藤原良房于857年被任命为从一位太政大臣，总揽朝纲，大权在握。

藤原氏开启"摄政关白"

858年，文德天皇去世，藤原良房的外孙、年仅九岁的清和天皇即位。此时的朝堂上并非藤原良房一人独大，还有他的弟弟，担任右大臣的藤原良相，世代豪门伴氏、纪氏、源氏身居高位与藤原氏争权。贞观八年（866年）闰三月，太极殿前的应天门突然起火，谁也想不到一场大火却引发了朝堂巨变。藤原良房抓住这次机会，以纵火为名把伴氏和纪氏都驱逐出朝堂，还给了藤原良相、源氏兄弟以重大打击。藤原良房、基经父子的权势得到稳固，史称"应天门之变"。

▲ 应天门火灾，出自大和绘《伴大纳言绘词》

　　这是藤原良房"摄政关白"的开始。"摄政"一职从来都是由皇族担任，指的是天皇幼时，由太政大臣代为行政。清河天皇在调查纵火事件时将藤原良房任命为摄政，藤原良房从人臣成为摄政，意味着天皇大权旁落。"关白"这个词出自《汉书》，本意是陈述、禀告的意思，后来成为官职名，相当于中国历史上朝廷中丞相一职。"摄关"从藤原氏开始，成为常设职位，即在天皇年幼时作"摄政"，等天皇成年后，仍然辅助整理政事，但改称"关白"。外戚当政，在日本历史上屡屡发生，但最终能把太政大臣之位从皇族手里夺过来的，第一个是惠美押胜，第二个就是藤原良房。

学问之神菅野道真

　　藤原良房死于872年，他的继承人藤原基经扶持了宇多天皇，继续掌握大权。这位宇多天皇任用亲信橘广相，试图和藤原基经抗衡，但直到891年，藤原基经去世，他才敢重用亲信橘广相，并把当年敢为橘广相辩护的菅野道真任命为藏人头，

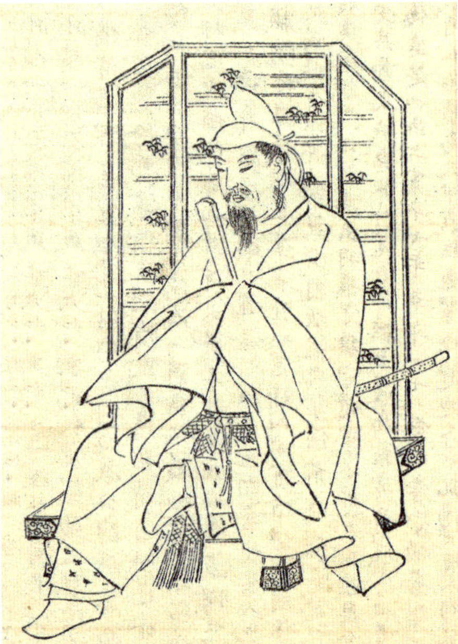

▲ 菅野道真画像（菊池容斋绘）

以与藤原基经之子藤原时平分庭抗礼。菅野道真是日本古代著名的书法家、诗人和学者。他曾经随遣唐使团访问大唐，汉学素养很高。在做官期间，他同情贫苦百姓，写下很多诗篇，还曾劝解藤原基经，化解天皇与其的矛盾。

894 年，宇多天皇在位期间，菅野道真曾被推荐为新的遣唐大使。可他却写下了《请令诸公卿议定遣唐使进止状》，认为大唐处于战乱期间，形势复杂，路途危险，没必要再派人去。这个意见被天皇采纳。而后在 899 年，他被任命为右大臣职，901 年被贬离朝。这虽然是政治博弈的一件小事，但却表现出此时的日本并不像奈良时代那样对大唐文化狂热的迷恋，混合本土风和唐风的新文化、独具特色的本土文化正在日渐成长。

菅野道真在民间颇有声望，他被藤原家挤出朝堂客死九州，于是民间传言他将化身怨魂，降下灾祸，报复政敌，巧合的是藤原家如同被诅咒一样祸事连连。在 930 年，众目睽睽之下，藤原南家一官员被雷击中，连当年误信谗言的醍醐天皇也受到惊吓，且不久后去世。因为这些事，菅野道真的传说越来越离奇，从怨魂变成雷神，后来又从雷神变成了慈眉善目的学问之神，成为各届考生的庇护神，后来被供奉在福冈县太宰府天满宫中，被称为"天满大自在天神"。

延伸思考

? 摄关政治的本质是什么？

时间轴 806—894 年

806 年	平城天皇即位
809 年	平城天皇退位，嵯峨天皇继位
814 年	皇子降格赐"源"氏
823 年	嵯峨天皇退位，淳和天皇继位
825 年	淳和天皇把桓武天皇的孙子降格，赐"平"氏
833 年	淳和天皇退位，仁明天皇继位
842 年	藤原氏发动承和之变
868 年	清和天皇继位
866 年	藤原氏发动应天门之变
872 年	藤原良房去世
891 年	宇多天皇任命菅野道真为藏人头
894 年	《请令诸公卿议定遣唐使进止状》，菅野道真建议停止派遣遣唐使

院政与平氏政权

天皇退位后，仍以上皇资格在院中听政，被称为"院政"。院政不被繁杂的仪式所约束，按上皇意志行事，以武士团作为武力支柱，与藤原氏摄关对抗。上皇颁布的诏令成为"院宣"，其效力大于天皇的诏书。

武士阶层登上历史舞台

以藤原氏为代表的官僚贵族在政治上腐朽，生活上奢靡堕落，为了获得更多的财富，按钱财多少出卖国司官职，这些进入国司的人大肆搜刮盘剥，农民"直诉"对抗，却被豪族利用。在斗争的过程中，拥有庄园实权的庄官们（乡领主）组织起私人武装力量，这支私人武装是为了保护庄园，也是为了保证庄官们可以行使庄园内的司法权和警察权，这就是武士团。小武士团往往按照家族的结构结合成为大武士团，那么大武士团就称为"本家"，大家长称为"总领"，内含的小武士团称为"分家"，家长往往被称为"庶子"。主从关系是武士团的重要支柱，

从者需要尽军事义务，绝对效忠。平安时代，武士团已经具有正当性、合法性，甚至后来皇宫也是由武士团来警卫。

承平五年（935年）发生了"平将门之乱"。平将门与同族发生内讧，他纠集反抗国衙的关东武士驱走关东北部地方官，939年宣布关东八国独立，自称新皇，后来被同族当地武士以武力平息。天庆二年（939年）又

▲ 平将门画像

发生了"藤原纯友之乱"，被源氏武士平息。这两场叛乱几乎同时发生，朝廷无力镇压，从此地方武士的实力开始得到中央的承认。

```
            ┌──────────────┐
            │  武士团的构成  │
            └──────┬───────┘
          ┌────────┴────────┐
   ┌──────────────┐   ┌──────────────┐
   │  有血缘关系   │   │  没有血缘关系  │
   │（宗族子弟）   │   │（非宗族子弟）  │
   └──────┬───────┘   └──────┬───────┘
       ┌──┴──┐           ┌───┴───┐
   ┌──────┐ ┌──────┐  ┌──────┐ ┌──────┐
   │ 一族 │ │ 家子 │  │ 郎党 │ │ 郎从 │
   └──────┘ └──────┘  └──────┘ └──────┘
```

院政从白河天皇开始

藤原氏的腐朽遭到人民反抗，也加深了统治阶级内部的矛盾。此时在位的三条天皇是 70 多年以来少有的不以藤原氏为外戚的天皇，他想夺回权柄，于是联合被藤原氏排齐在中央权力外的中下级贵族，打压藤原氏。

在他死后，1072 年继任的白河天皇扶植新兴的武士集团，继续为挣脱藤原氏做努力，院政就是从这位白河天皇开始的。他在 1086 年让位给儿子掘河天皇成为上皇后，仍以上皇资格在院中听政。1096 年，上皇出家做了法皇，但仍然控制着朝廷大权，其后他经历了堀河天皇、孙子鸟羽天皇、重孙崇德天皇三朝，始终保持着"听政"，一直到 1129 年去世。

院政，日语意为"退隐的政府"，院政的出现是天皇为了对抗外戚藤原氏，朝堂上由当朝的天皇做"门面"，而实际上，退位的天皇在居所建立院厅，任命官吏，设置武士力量保卫太上天皇和院厅。被藤原氏压制的大贵族们都十分支持这一形式。院政自白河上

▲ 鸟羽法皇画像

"上皇"指"太上天皇",即退位的天皇,出家为僧的上皇称"法皇"。宇多天皇退位后出家仁和寺,并撰写了一本回忆录《宽平遗诫》,从他开始,天皇退位出家,就会被尊称为"法皇",宇多法皇是日本历史上第一位法皇。

皇开始,持续三代上皇共 105 年,这期间摄政关白依然维持,不过已经名存实亡。这百余年的时间在日本历史上被称为"院政时期"。

院政打击了摄关政治,但二者本质并无不同。三个上皇同样大兴土木,兴建寺院,生活奢靡,搞卖官政治,搜刮民财。另外,院政的存在,使贵族内部矛盾更加尖锐,上皇与天皇、藤原氏内部之间矛盾重重,而这些矛盾又把新兴的源氏、平氏纠缠在里面。这种复杂的关系导致了"保元之乱"和"平治之乱"。

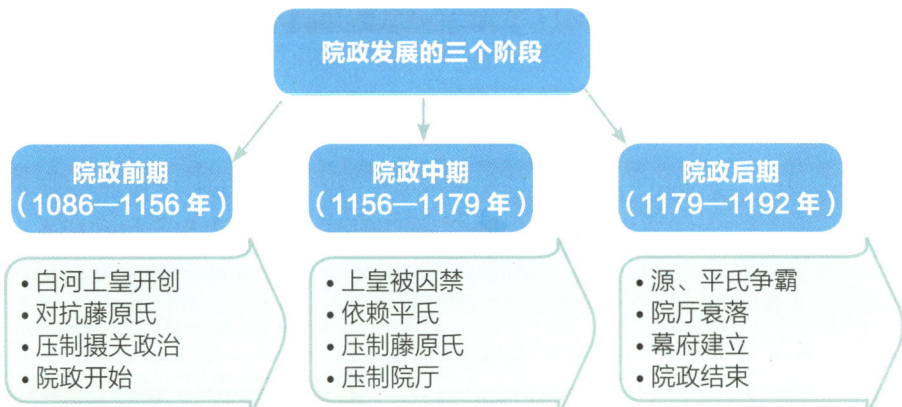

院政发展的三个阶段

院政前期（1086—1156 年）
- 白河上皇开创
- 对抗藤原氏
- 压制摄关政治
- 院政开始

院政中期（1156—1179 年）
- 上皇被囚禁
- 依赖平氏
- 压制藤原氏
- 压制院厅

院政后期（1179—1192 年）
- 源、平氏争霸
- 院厅衰落
- 幕府建立
- 院政结束

新一代太政大臣平清盛

"伊势平氏"从平定平将门之乱后,开始与院政政权相结合,进入中央政界,他们和源义朝成为白河天皇对抗崇德天皇的武器。倚靠源为义、源为朝父子兵力的崇德天皇在"保元之乱"（1156 年）中被击败,让贵族们意识到武士力量的重要性。平清盛受到白河院重用,平步青云,源义朝却在"平治之乱"（1159 年）后逃亡被杀,其子 13 岁的源赖朝幸免于难,被流放到伊豆。1167 年,平清盛成为新一代的太政大臣。日本早期的封建制度是以大官僚贵族为主,平氏政权的确立,意味着以中小封建主的军事封建集团开始成为封建制度的主导者。平清盛的目的是发展自己的势力，他所采取的一些革新措施作用极其有限。他的保守让武士团不再信赖他，而上皇们因为财富遭到损失对他也非常不满。最终源氏起义，大败平氏军队，内乱迅速扩展，遍及全国，平氏被全歼，日本的平安时代至此落下帷幕。

▲ 平清盛画像

平安时代的对外关系

平安时期的日中关系分为几个阶段：第一个阶段是平安初期，日本政府一如过去，派遣唐使船，留学生、学问僧随船入唐，这些人回国后积极传播所学。第二个阶段是中日关系中断，一方面是唐王朝爆发安史之乱和黄巢起义，另一方面日本政治腐朽，菅野道真以"大唐凋敝""海路多阻"为由建议停派遣唐使。第三个阶段是唐灭亡后，五代时期有过几次来往，之后宋王朝统一，中日互相访问，关系趋向正常化。

平氏执政后，中日间商业来往与日俱增。宋朝商人的货物有瓷器、锦缎、生丝、漆器、佛画、佛具等，日本运来的商品则有铜、硫磺、木材、刀剑等。中国东北渤海郡因为特殊的地理位置，与日本始终保持着活跃的商业往来，对日本而言，渤海郡是一个间接的日中交流渠道。新罗是另一个渠道，因为深受唐文化影响，日本以此为媒介，直接或者间接地保持着与唐文化的接触。

延伸思考 武士阶层是如何走上政治舞台的？

时间轴 935—1167 年

935 年	武士平将门发动暴乱
939 年	武士藤原纯友发动暴乱
1072 年	白河上皇即位
1086 年	白河上皇退位，院政开始
1156 年	源氏父子在"保元之乱"中战败
1159 年	源义朝在"平治之乱"后被杀
1167 年	平清盛任太政大臣，平氏政权开始

平安时代的文化

平安时代是一个朝野动荡、战乱不断的时代，但其在文化方面的发展却独树一帜。这个时期的日本文化才真正是有自己特色的文化，它不再像奈良时代一般全盘学习唐风，而是发展出了具有自己独特民族特性的"国风文化"。

山岳佛教 vs 神道教

日本佛教深受大唐影响，但佛教在日本的发展却与大唐完全不同。中国自身有着丰富的思想文化和多样化的意识形态，佛教一开始进入中国时只在民间流传，后来才逐渐向上层社会渗透。而在日本，佛教传播的源头就是先被皇族、贵族所接受，并出于政治需求而大建佛寺，宣扬佛教。正是因为有着浓厚的国家政治色彩，奈良朝所建的大量的佛寺都在都市里、皇城下，僧侣们被国家保护，被贵族优待，以治学为主，修行为辅，所以一寺常常有数个宗派，或者一个人能兼几派。

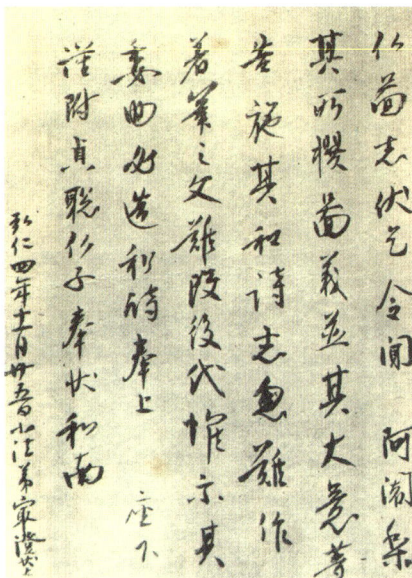

▲ 日本僧人最澄的久隔贴（部分）

桓武天皇迁都想要摆脱传统老旧势力的掣肘，这其中就包含大寺院的政治影响。他在迁都后做出种种改革，希望佛教精神也能够得到焕然一新的变化。而此时，山岳佛教应运而生，他们注重修行，寺院多建在深山里，追求出世静修。山岳佛教符合政治需求，体现了平安时代的特点。这其中的代表是平安二宗的建立，即"天台宗"和"真言宗"。"天台宗"由日本传教大师最澄建立，他曾到大唐天台山学习 5 个月，回国后在比睿山开创日本天台宗，风靡全日本；"真言宗"由空海建立，弘法大师空海在长安青龙寺跟惠果受密教，回国后在高野山开创佛教基地，弘传真言宗和密教。其后还有圆仁在天台、五台两山受教；圆珍入唐，在天台山学天台宗教旨。圆仁、圆珍回国后，把天台宗和密教调和起来，建立"台密妙义"。

中国的天台山国清寺和五台山成为了日本僧人最向往的地方，比睿山和高野山成为佛教圣地。到了平安时代后期，净土宗得到了下层民众的信奉，因之无需浮华的仪式和供奉，以《无量寿经》《阿弥陀经》为主，祈求来世，使民众在精神上得到了安慰，从而得到快速传播。日本佛教发展带有浓厚的国家主义色彩，其中最澄的《显戒论》提倡的便是"为国忠，在家孝"的教义。

"神道"是日本的传统民族宗教，曾受佛教打压，直到平安时代后期才恢复了元气。神道的含义与中国词汇中的神道大相径庭。《古事传记》里对神道做了注释，总的来说，凡是有特异之处的，不论善恶，凡奇怪的、可怕的，不论鸟兽草木山海等，都可称之为"神"。日本神道崇拜多神，号称有 80 万神、800 万神或 1500 万神，特别崇拜天照大神。天皇就是天照大神的后裔，皇族就是神统。神社、神宫都是神道教祭祀的地方，最盛大的是石清水的八幡神宫，被称为"南祭"，其次是贺

▲《不动利益缘起绘卷》中的安倍晴明

茂神社，被称为"北祭"。

平假名与片假名

现在的我们，想要学习日语，老师会让你把"五十音图"先背下来，然后就是各种平假名、片假名让人眼花缭乱。其实了解了日语和汉字的关系后，再学习日语，你会觉得并没有那么枯燥。最早日本有语言，但没有文字，汉字传入后，日本就一直使用汉字书写，随着本土文化发展，逐渐产生了使用本国文

Vowels					Youon		
あ ア a	い イ i	う ウ u	え エ e	お オ o			
か カ Ka	き キ Ki	く ク Ku	け ケ Ke	こ コ Ko	きゃ キャ Kya	きゅ キュ Kyu	きょ キョ Kyo
さ サ Sa	し シ Shi(Si)	す ス Su	せ セ Se	そ ソ So	しゃ シャ Sha(Sya)	しゅ シュ Shu(Syu)	しょ ショ Sho(Syo)
た タ Ta	ち チ Chi(Ti)	つ ツ Tsu(Tu)	て テ Te	と ト To	ちゃ チャ Cha(Cya)	ちゅ チュ Chu(Cyu)	ちょ チョ Cho(Cyo)
な ナ Na	に ニ Ni	ぬ ヌ Nu	ね ネ Ne	の ノ No	にゃ ニャ Nya	にゅ ニュ Nyu	にょ ニョ Nyo
は ハ Ha	ひ ヒ Hi	ふ フ Fu(Hu)	へ ヘ He	ほ ホ Ho	ひゃ ヒャ Hya	ひゅ ヒュ Hyu	ひょ ヒョ Hyo
ま マ Ma	み ミ Mi	む ム Mu	め メ Me	も モ Mo	みゃ ミャ Mya	みゅ ミュ Myu	みょ ミョ Myo
や ヤ Ya		ゆ ユ Yu		よ ヨ Yo			
ら ラ Ra	り リ Ri	る ル Ru	れ レ Re	ろ ロ Ro	りゃ リャ Rya	りゅ リュ Ryu	りょ リョ Ryo
わ ワ Wa	ゐ ヰ Wi		ゑ ヱ We	を ヲ Wo			
				ん ン n/nn			

▲ 日语假名表

字的需求，假名应运而生。如果打开一本日本原文书，你会发现里面有很多符号都非常熟悉，有的是汉字的简化，有的是汉字的偏旁，这就是假名，"假名"就是借来的字。在日本文字中采用汉字偏旁的叫片假名，由汉字草书演化而来的就是平假名。

日本文字的形成是因为长期使用汉字，但汉字与其本国语言不匹配，最后折中变通想出的办法。刚开始学习英语，有的人会用汉语标示其读音，日本人用汉字来给日语注音也是一个道理。最早的假名就是万叶假名，人们在《万叶集》中用汉字给诗集注音。

中国汉字书法有各种流派，如篆书、隶书、楷书、草书，日本文字在发展中也出现了很多派系，最终剩下两个派系，就是平假名和片假名。平假名看起来温柔婉约，有女性气质，事实上就是由那些负责抄写的女官们在长期的抄写中所形成的写法和用法。片假名看起来则比较刚硬，恰好是抄写佛经的和尚们的简写，在佛学圈内先流传开来，后来被广泛使用。除了假名以外，一些古汉字在日本还保留着原意，繁体字也是一样，一直被沿用到今天。随着平假名、片假名的出现，日本终于有了自己的文字，日本文学也随之迅猛发展。随着日本"国风文化"的确立，绝大多数书籍都采用日本文字（假名）记述，但汉字直到明治初年，一直被作为官方用来记事的正式文字。

国风文化与《源氏物语》

经过几个时代的积累沉淀，日本的文化开始有了自己独特的风格。这就是"国风文化"，主要体现在美术、文学，还有生活方面。区别于"唐绘"，日本本土民族绘画"大和绘"（或称倭绘）形成于公元 10 世纪，

▲《源氏物语绘卷》部分

主要用来表现贵族的日常生活，风格华丽，追求及时行乐的唯美情趣。最杰出的大和绘是《源氏物语绘卷》，表现了平安时期的贵族女子风貌。

《信贵山缘起绘卷》也很著名，它描绘了领主、大名主、劳动人民生活生产的

▲ 信贵山缘起绘卷部分

场面，反映出武士阶级兴起，人民力量壮大，贵族没落的特征。

"和服"也是在这个时期产生的。日本人的身份观念等级意识非常强烈，表现在和服上更是相当繁缛和唯美。"物语"即日本小说，在此时涌现出大量的经典作品。如具有传奇色彩，纯属虚构的《竹取物语》《落洼物语》，或是客观叙事或历史记述的《伊势物语》《大和物语》，但只有紫式部的《源氏物语》被称为日本古典文学最高峰。

《源氏物语》的内容以平安时代贵族生活和宫廷斗争为主，笔法细腻、情感敏锐、别具一格，对日本文学影响深远。可以说，从《源氏物语》开始，"唯美""物哀""虚无"成为日本古典文学的基本格调。值得一提的是，这部作品深受唐代文学影响，引用白居易的诗句可达 90 余处。除此之外，其中还引用了大量《礼记》《战国策》《史记》《汉书》等中国古籍中的典故。有趣的是，这些文学创作的作者都是女性，这与宫廷内文学修养比较高的女性容易获得天皇宠信不无关系。

日本式样的建筑与雕刻

平安时代的建筑初步显露了日本的独特风格。这个时期最大的建筑是法成寺，完全确立了日本式样。京都的平等院凤凰

> **历史拓展**
>
> "物语"即故事、传说，是日本的一种特色文学体裁，是由口头说唱发展而来的一种文学形式。比较著名的作品包括《源氏物语》《竹取物语》《平家物语》。物语一词还常用于翻译外国类似文学作品的书名，如《天方夜谭》则为《千一夜物语》。

▲ 平安时代的京都知恩院

堂样式是典型的"和样"，如采用歇山顶、架空地板、出檐深远等。这个时期的住宅建筑，属于"寝殿式建筑"，即日本式贵族邸宅建筑，一般由水池、寝殿、对屋、渡廊、中门廊、中门、钓殿、杂屋组成，而且不再拘泥于唐式的左右对称，而改为左右不对称。宫殿、官府、陵墓都采用这一特点，称为"寝殿式"。平安时代后期出现了"和样雕刻"，即日本风雕刻，代表人物如定朝。凤凰堂的本尊阿弥如来坐像就是当时贵族理想中佛像的样子，特征是眼睛一律向下看。定朝之子长势进一步推动了日本风雕刻。随着贵族造像的需求，出现了很多佛像雕刻家，即佛师，社会地位也得到了显著提高。

延伸思考 ？ 平安时代文化与奈良时代相比有什么特点？

▲ 京都平等院壁画

第五章

菊花与剑：镰仓时代

公元12世纪末，武将源赖朝在镰仓创建幕府，建立武家政权。镰仓时代，是日本幕府政权的开始，由此开启了日本历史的新篇章。

源赖朝死后，北条氏通过"御家人合议制度"取代了源氏。"承久之乱"清扫了对幕府有敌意的贵族力量，北条氏的幕府统治越加稳定，成为全日本真正的掌权人。

源赖朝建立镰仓幕府

幕府，这个词原出自古汉语，指的是出征时将军的府署，"幕"是军队的帐篷，"府"是放文件等重要物品的地方。而在源赖朝建立"镰仓幕府"后，幕府逐渐成为一种政治体制，其权力凌驾于天皇之上，首领称将军。

从囚犯到将军

英雄人物大多命运多舛，作为镰仓幕府的首任大将军，源赖朝的命运相当坎坷。他

▲ 源赖朝画像

出身河内源氏，当年藤原氏摄关和法皇院政的斗争引发了"平治之乱"，这场政乱的结果是源氏没落，平氏掌权。而他的父亲源义朝在"平治之乱"中落败身死，以致他十三岁的时候就被独自流放到伊豆。作为政治斗争的牺牲品，源赖朝小小年纪就开始关注朝堂局势。

▲ 描绘源平合战的屏风

此时的平氏靠着强大的军事实力进入朝堂，且做到了太政大臣的最高职务，平氏一门占据朝堂，个个身居高位。他们在政治上专权，经济上贪婪，将大量土地变为私人所有，很快，平氏激起了公愤。以上皇为首的贵族趁机密议"讨平计划"，不慎事泄激怒了平氏，反对势力被一屠而尽，上皇也被幽禁。平氏宣布停止院政，停止藤原氏的关白摄政，而且解除了三十九名中央高官的职务，由平氏替补，至此，

▲ 后白河上皇画像

平氏开始了独裁之路。平氏试图迁都，此举招致了僧侣、武士、贵族的普遍不满，各地武士纷纷举兵讨伐平氏。

此时，已是源赖朝被流放的第二十一年。看到平氏现状，源赖朝有所领悟，源氏、平氏没什么区别，他们代表的都是新兴武士阶层，却被上层贵族的老派势力所利用，成为打压对方的工具。1180年，源赖朝举起了讨伐平氏的大旗，由于经验不足，很快草草失败，但令人吃惊的是，仅仅过了五年，也就是在文治元年（1185年）三月，源赖朝就在坛浦决战中一举消灭了平氏，取得了决定性的胜利，而他接下来的选择和行动，才是决定他是否会重蹈平氏覆辙的关键。1192年，源赖朝在镰仓建立幕府，幕府帐下设立了"侍所""政所""问注所"等机构。放眼日本，此时已经没有人能和赖源朝抗衡，包括天皇。就这样，一个凌驾于朝廷之上的政权——镰仓幕府正式成立。

源赖朝没有留在京都，凭借自己出色

历史拓展

"后白河上皇"被源赖朝称为"日本第一号大天狗"，他制造无数纷争，毕生都在为重振天皇朝廷而努力，他先借平氏之手重创摄关家，随即又借源氏之手消灭平氏，经常在义仲、义经、赖朝三人间不断挑起矛盾和纷争。

的政治才能，另外建立起一套权力机构，这样避免了源氏成为第二个平氏。为了能够长久地得到武士阶层的支持，他始终致力于在关东建立和巩固自己的政权，镰仓（今神奈川县）就是源赖朝的军事大本营。1192 年，后白河上皇去世，源赖朝被任命为"征夷大将军"，这是军人的最高头衔，镰仓幕府名副其实地建立起来，并由此开启了日本历史上武士专政的幕府统治时代。

镰仓幕府的统治

镰仓幕府时期，表面上镰仓政权和京都的朝廷是双重政权并立，但实际上，镰仓政权以强大的武力为支柱，建立了强大的中央集权政府机构，开启了日本历史的新篇章。

第一，推行御家人制。这种制度的核心理念是"忠""义"。作为家臣，武士需要服从指挥，承担军事义务，而作为主君则需要赐给有功武士土地，保护武士的领地，维护他们对领地的统治权。成为御家人，需要一定的仪式，通过这种仪式，赖源朝树立了自己的威信，另外他建立了"侍所"，专门对御家人进行管理。

▲ 御家人的家

第二，加强对地方的直接管辖。这方面通过设置"守护""地头"完成。守护是源赖朝派到各国衙内的政治代表，由有势力的御家人担任，地头是源赖朝派驻庄园的政治代表。这两种方式可实现镰仓政权对地方政治和地方治安的直接监管，有利于维护其统治。

第三，重视恢复发展经济。源赖朝通过授与劝农使之职和设置地头等手段，

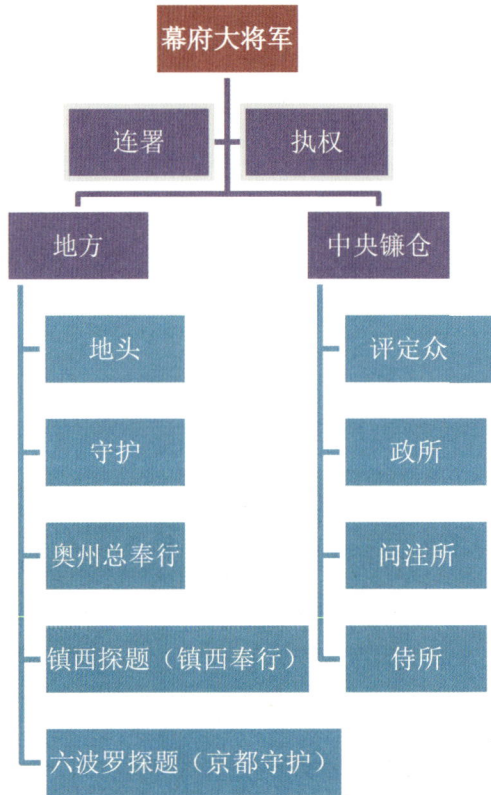

建立了由自己直接管理的经济体系，他重视农业生产、农业发展和技术进步，促进了农业生产力的提高，产生了大批剩余农业物品，从而促进了手工业和市场的发展。经济的繁荣，奠定了幕府统治的稳固基础。

公家，还是武家？

镰仓幕府掌握了行政和军事权力，削弱了贵族的力量，但是源赖朝并没有继续对朝廷统治进行摧毁，反而采取了回避正面对立的妥协政策。首先他表示尊重朝廷作为国家最高权力机构的地位，并对此宣誓忠诚。其次，他缩小了守护地头权的范围，只在有限范围内维护武士阶层的经济利益，如果某些利益有可能危及整个封建秩序，就会被他禁止。最后就是两个政权的权力分配方式。幕府管理的是源赖朝的御家人及御家人控制下的农民以及大部分地区的军警事务，朝廷对此不得干涉，而朝廷的行政和司法权力，并没有被剥夺，所以镰仓幕府存在政权交叠的现象。

表面上，二者相对立，但以维护封建秩序为基础，双方又互相依赖，这是镰仓初期为适应现阶段形势产生的特殊情况。

▲ 北条时政画像

北条氏取代源氏

1199 年，镰仓幕府的最高领导人兼大将军源赖朝病死，其 18 岁的长子赖家继承了将军职，遗孀北条政子出家为尼。由于赖家没有足够的威望，镰仓幕府很快陷入内斗。北条时政独具慧眼，在源赖朝还是流放犯的时候做了他的岳父，现在也同样出手果断，不但杀了赖家将军及其长子源一幡，同时宣布废黜源赖家的将军职位，立其弟源实朝为第三代将军，而他自己则代理将军掌控幕府实权。原本出家为尼的北条政子同时复出，垂帘听政，她和父亲联手，建立了由 13 位御家人组成的"御家人合议制度"。

▲ 后鸟羽上皇画像

1205 年，北条义时继承其父北条时政的"别当"一职，在 1213 年兼侍所别当，确立"执政"地位，成为幕府的真正主宰。1219 年，源实朝被暗杀，源赖朝家族的血脉仅三代就断绝了。北条氏后来迎立皇室宗亲做将军，这样幕府将军也如天皇一样成为傀儡，实权都掌握在北条氏手中，精明的北条氏同时也借助皇室权威巩固北条氏一族的地位。而皇室

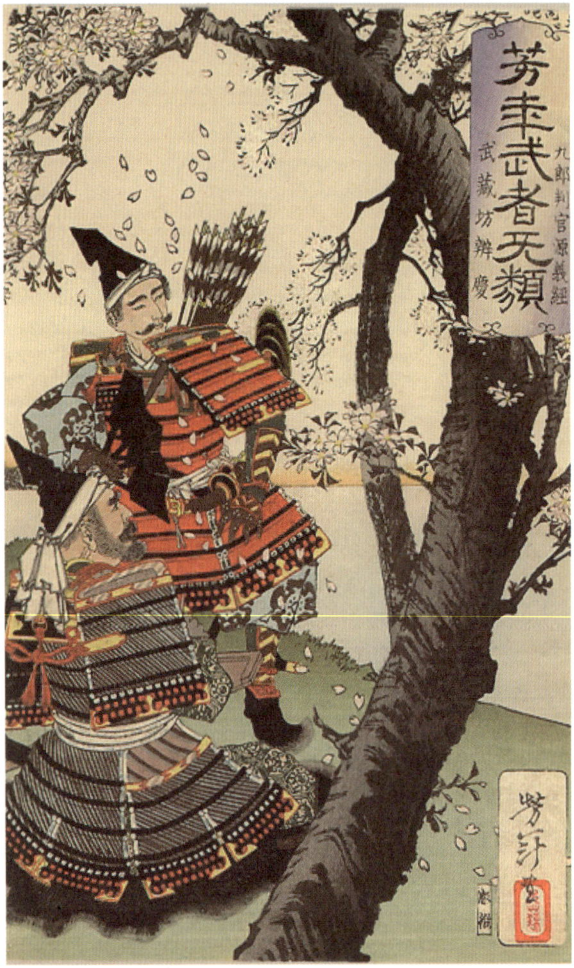

▲ 武士与樱花

却并不甘心丧失权力，1221年，以“后鸟羽上皇”为首的皇室贵族发动倒幕战争，最后以惨败告终，史称“承久之乱”。承久之乱后，幕府把几个上皇分别流放，之后幕府新设“六波罗探题”取代京都守护，监视朝廷，由北条氏世袭其职。至此，北条氏取代源氏已成定局。

武家基本法典：《贞永式目》

承久之乱后，京都朝廷的权力被大大削弱，在政治上幕府有绝对优势。1224年，北条泰时任执权时实施了大规模的武藏野开发计划；北条泰时为加强执权的职能，增设副职“连署”，设立“评定众”，完善了之前的十三人协商制度，评定众由北条氏一族、幕府元老以及执权、连署等组成，研究重要政务，裁决诉讼，成为幕府最高决策机关。

北条时赖在评定众下设“引付众”，负责协助评定众

历史拓展

日本的“家”是一种阶级名称，简单来说，公家就是贵族阶级，武家就是武士阶级。公家有堂上（从五位下）和地下之分，堂上有上殿的资格。此外，还有一种称呼叫“寺家”，以兴福寺、延历寺等大寺社为首。

审理诉讼案件。1232 年，幕府总结了幕府的政策和有关审判、处罚等个别法令精神，制定了《贞永式目》。这部法典作为武家的基本法典，对后来的武家法制影响很大。《贞永式目》对御家人的土地所有权表示肯定，对守护职、地头职予以法律保证，从而巩固了封建武士的胜利成果。法典施行的范围最初仅限于幕府管辖地区，后来逐渐扩大到全国。从本质上讲，《贞永式目》是一部保卫包括皇室公卿贵族在内的整个封建集团利益，维护封建秩序的法典。它规定农民必须向封建主交纳年贡，各国守护的任务和职责是对谋反者、杀人者实行监督和镇压；还通过有关御家人的规定，巩固幕府同御家人之间的封建主从关系。

▲ 笹龙胆（源氏家纹）

庄园农民大体可分为以下四个阶层

大名主
小名主
作人
下人、所从

守护与地头势力的崛起

镰仓时代的土地基本上都已庄园化，庄园的统治者是庄园领主（国司）和由御家人担当庄官的地头。庄园农民大体可分为四个阶层：大名主；小名主；作人；下人和所从。

大名主是名主中的少数，他们往往先取得御家人身份，后来成为地头或庄官。小名主、作人、下人和所从是庄园里的基本劳动群众，是被统治阶级。名主需要向领主交纳的贡租分田租和皂租，名主的负担还有"万杂公事"和"夫役"。

▲ 北条氏取代源氏

其中，大名主例外，因为他们可以把这些负担转嫁给手下的"作人"和"下人"。

随着幕府权力的扩大，地头势力逐渐强大，超过了国司和领主。他们征收年贡却据为己有，与庄园领主不断纷争。

因此，庄园领主索性将庄园的一切支配权都交给地头，通过地头包收年贡的办法来取得年贡的一部分。幕府肯定了这种做法，于是"在乡领主阶级"日益壮大。而这些地头又处于守护支配之下，全国庄园就逐渐掌握在守护之手，为"守护领国制"的形成奠定了基础。

延伸思考 幕府和朝廷的关系在镰仓时期是怎样的？

时间轴 1192—1232 年

1192 年	源赖朝建立镰仓幕府
1199 年	源赖朝病逝，二代将军源赖家继位
1213 年	北条义时称"执政"
1221 年	后鸟羽天皇发动"承久之变"
1232 年	幕府颁布武士法典《贞永式目》

神风拯救日本

1271 年，蒙古人建立了元朝。皇帝忽必烈将目光投向了日本，在 1271—1272 年先后两次遣使日本以做试探，后于 1274 年正式发动了征日战争。天有不测风云，强大的元军发起两次战争竟然都败于"神风"，元军退走，幕府却不可避免地走向没落。

忽必烈远征：文永之役

这是日本历史上第一次受到外来民族的威胁，而且面对的是横扫欧亚大陆的蒙古大军。此时的日本仍然处于幕府控制下，元军调集了两万兵力，900 艘战船迅速攻陷了日本的对马和壹岐，随后侵入松浦半岛，驶入博多湾。元军倚仗强大的军事力量所向披靡，然而神奇的是天有不测风云，一场台风竟然刮沉了元军一半的船，元军不得不返航。这次战役被称为"文永之役"。忽必烈于 1281 年再次进攻日本，这次同样进展顺利，但在全面进攻前夕，又一次罕见的台风使元军遭受巨大损失，就这样，忽必烈的第二次远征又失败了。

日本旧史书上把这两次自然现象称为"神风""八幡宫镝矢西风""天野明神出阵"，这略显可笑。实际上，元军较日军实力强大百倍。元军战船上装备着当时世界上最先进的火炮，但最后落得失败，除了极端天气因素，还因当时元朝国内局势并不稳定，因此忽必烈没有继续攻打日本。

▲《蒙古袭来绘词》中的"文永之役"

▲ 元兵来袭

"德政令"引发危机

战争结束后，镰仓幕府的统治明显转向衰落。首先，这场战争性质不同，表面上看完全是消耗性质的，并没有获得任何收益，这样无法给有战功的御家人满意的回报，甚至军饷都无法支付，导致很多武士破产。令御家人真正愤怒的是幕府为了祈祷胜利，把大量的资金储备寄存到了神社和寺院中。其次，《德政令》的荒谬引发了不满。由于一部分武士财产的积累，生活开始奢靡无度，当他们通过出卖、典当土地，变得贫困后，为了拯救维护这些武士，幕府在1279年颁布《德政令》，要求商人无偿归还典当御家人的土地，实际上是鼓励武士赖账。这就引发了经济混乱，御家人被商人抵制，很难再贷到钱了。当然这项法令由于没起到积极的作用，很快就被废除了。

此时的日本农村出现了小地主阶级，他们有自己的"下人"和"佣农"，但却依然遭受幕府的压榨，于是他们便召集流民，组织武装，开始与幕府斗争。这些人被称为"恶党"，视同"盗贼"。这些都是威胁幕府统治的因素，14世纪后期，日本再次陷入混乱中，幕府和北条执政体系已经摇摇欲坠！

延伸思考
元军进攻日本给幕府统治带来了什么影响？

时间轴 1274—1281年

1274 年	忽必烈入侵日本，史称文永之役
1279 年	幕府颁布《德政令》
1281 年	元军第二次进军日本

镰仓时代的文化

　　源赖朝建立幕府政权使武士阶级成为特权阶级，武士道思想也成为武家政治的象征。这一时期战乱频发，自然灾害也常常发生，民众生活困苦，人民希望能从宗教中得到安慰，于是佛教得到了很大发展。此时，文学创作的主角从贵族变成了武士，这个时期所创作的《平家物语》与《源氏物语》并列为日本古典文学双璧，一为剑一为菊花。

武家政治的象征：武士与武士道

　　武士的出现可以追溯到平安时代律令制下产生的武官。一开始，庄园主为了保护私有财产开始组建武装力量，后来成为专业的军事组织，直到源赖朝建立镰仓幕府，确立武家统治，武士的地位至此达到全新的高度。武士成为新的特权阶层，进入上流社会。他们有土地，有财富，甚至还能管辖一方，成为官员。

　　武士道思想的形成经过了多种理论、多种精神的糅合扬弃，本质是随着武士阶层地位改变而出现的一种伦理道德观念。武士道中"忠于主君、尊敬祖先、孝敬父母"的思想来源于神道教；佛教禅宗则让武士道多了平静、服从、沉着等内涵；儒学则让武士道多了道德教义

▲ 武士"大铠"

77

武士道思想
的主要来源

神道教　　　　佛教禅宗　　　　儒学

忠于君主
尊敬祖先
孝敬父母

平静
服从
沉着

君臣、父子
夫妇、长幼、
朋友

如"君臣、父子、夫妇、长幼、朋友"。

武士道积极的一面是坚持义、勇、礼、诚、名誉、忠义、克己等美德，但其残忍、愚昧、癫狂的表现又体现了武士道消极的一面。大多数人认为武士道精神就是为了主君不怕死，为君主毫无保留地献身取义，这种说法也是不全面的。武士道精神有些类似欧洲的骑士精神、中国的侠义精神，真正的武士在日本一直是很受尊重的，甚至拥有很好的文化修养和丰富的精神内涵。

菊花与剑：《平家物语》

这个时期具有代表性的是武士文学，也就是战记文学，多是真人真事。《平家物语》尤为突出，内容以平家兴衰为主。这部作品宣扬佛教思想，也反映了儒家的因果观和道德观，全书还贯穿了新兴的武士精神。不同于平安时期以贵族为主角，这部书的英雄是武士和僧兵。《平家物语》被认为是镰仓时代文学的最高成就，比《源氏物语》要晚二百年，与《源氏物语》并列为日本古典文学双璧，一文一武，一象征"菊花"，一象征"剑"。

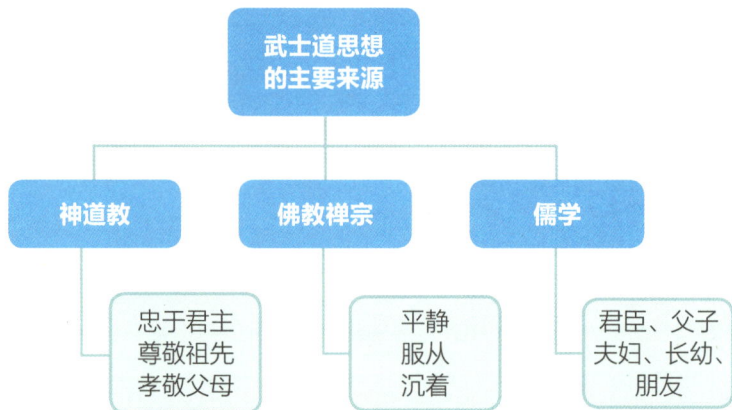

▲ 《平家物语》屏风

佛教的传播：信念和修行

▲ 禅宗祖师菩提达摩

镰仓幕府时期战乱频发，自然灾害也常有发生，民众很容易就接受了佛教，这个阶段的佛教发展非常繁荣。因为信众多是穷困民众，这个阶段的佛教没有发展新的、复杂的理论体系，教义越发简单、平民化，更看重信念和修行。民众生活困苦，对来世充满幻想，希望得到解脱。佛教净土宗的教义满足了这种需求。

净土宗宣扬在佛面前人人都是平等的，只要反复念诵佛号，就可以往生极乐，无需繁琐的宗教仪式。后来这种教义进而被发展到无需出家，无需素食，只要念佛就可以求得"往生"。这种易于理解和操作的传教方式，使得净土真宗信徒迅速扩大，绝大部分困苦的农民都会念上几句"南无阿弥陀佛"的佛号以求安慰。日莲宗在教义中宣称只要反复念诵"南无妙法莲花经"就能即身成佛，如果全民信仰整个国家就能成为净土。

被武士广为接受和流传的是禅宗。禅宗的修炼方法非常简单：不立文字，教外别传，直指人心，见性成佛。禅宗认为只要坚持坐禅就能消除"妄念"而成佛，达到山崩地裂无所畏惧的胆力，这种精神契合了武士道精神，也符合主君对武士的需求。因此，幕府对禅宗倍加推崇。随着禅宗盛行，慢慢地武士道精神也形成了。

历史拓展

对武士来说，没完成任务比死更可怕，切腹自尽是一种只有武士才能拥有的非常光荣的死法。古代日本人信仰"腹部乃是人灵魂、情感寄托之处"，能勇敢地完成切腹的仪式，最能够突显出一位武士不惧痛苦、坚持贯彻武士道的精神。

延伸思考 镰仓时代的文化发展有什么特点？

第六章

从南北朝到
室町幕府

公元14世纪后期，镰仓幕府日益衰落。1333年，北条氏被灭族，镰仓幕府灭亡。

随着公卿与武士之间矛盾的加深，足利尊氏自任征夷大将军，开幕府于室町，同年后醍醐天皇逃至吉野山，并宣布重开朝政。自此京都光明天皇的朝廷称"北朝"，吉野后醍醐天皇的朝廷称"南朝"。日本南北两朝对峙长达五十七年，直到后来进入内乱时期。

后醍醐天皇的奋斗

公元 14 世纪初，镰仓幕府日益衰落，一直对其如鲠在喉的京都朝廷认为倒幕时机已到，复兴旧政权、收回天皇的权柄有了机会，于是进行了一系列准备活动，领头人物就是后来进行"建武中兴"的"后醍醐天皇"。

庄园里的变化

在日本的封建庄园制下，庄园归庄园主所有，但是这些拥有着大量土地的庄园主鲜少住在本地，大都住在繁华而遥远的京都、奈良，所以庄园的实际控制者是庄官和地头。

庄官和地头负责把土地产出收上来，当然也要占有其中的一定比例作为酬劳，由于双方对酬劳比例无法达成一致，总是发生纠纷。在幕府的干涉下，二者

封建庄园

庄园主大贵族 —— 理论上应占有全部年贡

庄园主大贵族 —— 实际上远在京都、奈良无法收取

管理者：庄官、地头 —— 收取一定比例年贡作为酬劳

幕府调停二者矛盾 —— 庄园一分为二 —— 分给庄官和地头

幕府调停二者矛盾 —— 庄园一分为二 —— 大贵族保留部分

▲ 后醍醐天皇

将可征收年贡的领地干脆分成两部分，一部分属于庄园主，一部分由地头占有。这种做法从表面上看减少了纠纷，但原本属于庄园主的庄园却更像是食邑而非采邑，庄园主对庄园的控制越来越弱。

随着商品经济的发展，新兴的武士阶层希望通过商业活动扩大收入，这种做法得到了后醍醐天皇的支持。后醍醐天皇认为这样不但可以扩大自己的收入来源，更重要的是可以得到这些新兴武士阶层的政治支持。后醍醐天皇最重要的臣子楠木正成的家族与这种商业活动密切相关。楠木氏世居金刚山山麓，后醍醐天皇的近臣日野俊基等曾在附近宣传倒幕思想，联络倒幕势力。有猜测说，或许这个时候，后醍醐天皇已经得到了其未来的重臣楠木正成的效忠。

"两统迭立"的终结

幕府时期，日本皇权旁落，但皇权斗争并没有因此而减弱半分。"两统迭立"的出现虽然是由当时政治环境导致，但近百年的妥协早已为今日种种埋下了祸端。后嵯峨天皇在位四年后就退位给儿子后深草天皇，但仍然把持着朝政，13年后，他让后深草天皇把皇位传给自己的另一个儿子龟山天皇。之后，皇位在后深草和龟山两兄弟的后代中轮替，二者分别为持明院统（后深草天皇）和大觉寺统（龟山天皇）。这就是所谓的"两统迭立"。皇室财政入不敷出，仅有的资财只有天皇才有资格享用。或许幕府也不乐意看到一个平静的朝廷，因此常常在二者之间挑起事端。两统迭立使兄弟子侄间矛盾重重。

1318年，大觉寺统的后醍醐天皇继位了。这位天皇从来没想过要把手中的权力传给别人的后裔，加上他深受朱子学的影响，对于幕府剥夺皇室权力十分痛

▲ 补文字

恨，所以推翻幕府、加强皇权成为他的奋斗目标。后醍醐天皇认为幕府统治已经日薄西山，而自己得到了畿内武士的支持，再加上僧兵的力量，足以突袭幕府，可惜这一行动还没进行，计划就败露了（史称"正中之变"），天皇近臣日野资朝、日野俊基被抓。后醍醐天皇并没被打倒，他多番在京都和奈良的豪族间游说，希望得到更多的力量支持，但消息再次走漏，天皇自己被远远地流放，而幕府北条持政也在 1331 年迅速另立了新天皇——光严天皇，史称"元弘之变"。

这个时期，许多反北条氏势力在各地起事，而正面对抗幕府并屡次取得胜利的楠木正成让诸多反抗势力看到了倒幕胜利的可能。1333 年，后醍醐天皇被武士搭救逃出流放地，幕府大将足利高氏忽然反叛，他组织起近畿地方武士，消灭了幕府在京都的六波罗探题，同时九州、四国的武士也顺利消灭了九州探题和长门探题；上野豪族新田义贞率关东武士攻陷镰仓。1333 年 5 月，北条氏被灭族，镰仓幕府灭亡。

历史拓展

探题，是幕府时期最重要的地方职制之一。镰仓幕府时期，承久之变以后，幕府另设"六波罗探题"取代京都守护，功能是监视朝廷并在幕府统治力量薄弱的三河以西各国行使司法和行政权力，由北条氏世袭其职。

时间轴 1313—1333 年

1313 年	后醍醐天皇继位
1331 年	幕府另立光严天皇
1333 年	镰仓幕府灭亡

延伸思考
?

两统迭立的根源是什么？

南北朝的对峙与统一

自凑川合战后，足利尊氏大败新田义贞，楠木正成自尽，足利尊氏率大军攻克京都，另立一位天皇——光明天皇，京都方面自称"京方"，后醍醐天皇趁机逃到大和吉野，建立政权，自称正统（南朝），双方互称对方为伪朝。这就是日本史上的"南北朝"时期。

"建武中兴"不中兴

在意气风发的后醍醐天皇看来，倒幕取得成功，镰仓幕府被消火，权力理所当然应该收归天皇也就是他自己手中。他取消院政，不设关白、摄政，由自己裁决一切大事；他毫无心理负担地背叛了支持他倒幕的力量，这一点在他对领土的处置中暴露无遗。

后醍醐天皇下令收回幕府统治时期皇族、贵族、寺院失掉的土地，恢复他们对庄园的统治，对武士的领地则实行限制。中央和地方的重要职位被分派给皇族贵族们，因而能够获得官职的武士数量稀少。这样一来便激起了武士们极大的不满。

第二年，后醍醐天皇改年号为"建武"，并大兴土木准备扩建天皇宫殿。沉重的税负压在了曾经支持他倒幕的农民身上。农民抗议，武士得不到封赏，一力复古的建武朝很快便失去了农民、武士集团的支持。

历史拓展

后醍醐天皇改年号建武，政厅所在地——二条富小路殿附近的二条河出现了一首打油诗，"最近京城流行着夜袭、强盗、伪圣旨，不伦、快马（现代的快递）、虚骚动，悬首、还俗、自由出家……"。这首打油诗被认为是日本史上打油诗最高杰作，充分表达了天皇脚下的京都民众对建武新政的嘲笑和批判。

悲剧英雄"楠木正成"

楠木氏，自称出于橘氏，原本属于幕府眼中的"恶党"，当后醍醐天皇以朱子学号召天下倒幕时，楠木正成是最早响应的人物之一。后醍醐天皇第一次倒幕行动策划失败后，楠木正成高举倒幕大旗，正面对抗幕府，牵制了幕府武装力量，也给天下所有倒幕的力量树立了榜样。

随后，后醍醐天皇被流放，倒幕运动受到了打压，楠木正成在赤坂城坚持战斗。幕府曾派数万大军来攻打这座小城，楠木正成故布疑阵，冲出重围，守城战转为游击战，幕府大军围剿不利只好撤兵，楠木正成再次夺回赤坂城。引来幕府军队攻伐之后，他三次夺回赤坂城，后将阵地转移到了千早城，他几次被幕府大军围困，却始终守住城池，且给幕府军队造成重大损失。这个过

▲ 楠木正成画像

程让各地的武士、守护、豪族们看到了幕府的软弱，倒幕风潮火速蔓延开来，在全国范围内形成了第二次倒幕高潮。

作为幕府的头号敌人，楠木正成曾被幕府发出悬赏令"杀死正成者授丹波国船井庄，而不问其身份之高低"。楠木正成在日本被誉为第一流的军事战略家，在很多南北朝著作中被誉为"智仁勇兼备之良将"，明治维新时期，为了宣传他的忠勇，建凑川神社奉他为"军神"，还把他的事迹写进中小学教材。对于日本政权来说，显然更看重的是他对君主的"忠心"。

楠木正成曾经说过："纳谏用臣，是明君也。共进共荣，臣之道也。不纳其言，不用其臣，则或死或退或隐，是贤臣之道也。"事实证明，他不仅是这么说的，也是这么做的。

当足利高氏未经天皇任命，自封征东将军，打败残余的幕府力量、攻入京都时，楠木正成在京都攻防战中运用"避实击虚"的战术使得足利军再次败走。战

后他建议同足利和好，结果被否定，后来又提出打击尊氏的方案，结果又被否定。当1336年足利尊氏再次率大军袭来，这位忠诚于后醍醐天皇的"军神"明知必败却依然出征，在众寡悬殊激战力竭后自尽，结束了他辉煌却又极具悲剧色彩的一生。

▲ 足利尊氏画像

凑川合战：南北朝建立

由于得不到应有的恩赏，失望的武士们逐渐聚拢在名门足利尊氏身边。他们开始怀念武士掌权的美好时光，希望足利尊氏能够带领他们开创新的幕府。足利尊氏原为足利高氏，虽然反叛了北条氏选择和后醍醐天皇一边，但作为北条氏的姻亲，在获得天皇赐名"尊"，将"高氏"改称"尊氏"之后，内心却仍然是以镰仓幕府的继承人自居。当时朝廷中唯一可同足和尊氏匹敌的只有新田义贞。足利氏通过散布谣言"义贞是借尊氏之子千寿王的威名才号令群豪攻破镰仓的"来试探朝中人心动向，结果后醍醐天皇为了拉拢足利尊氏，选择了足利尊氏而让新田义贞负气而走。之后，足利尊氏又用同样的手段搬倒了另一块绊脚石大塔宫护良亲王。

▲ 足利尊氏征战图

1335年，足利尊氏趁北条余孽攻破镰仓的机会，自封征东将军，离开京都。借此机会，关东各地武士纷纷来投，足利尊氏彻底收复了镰仓，北条时行逃走。由于北条时行是先代镰仓幕府执权的遗孤，而攻破镰仓仅二十日就失败了，史称"二十日先代之乱"。足利尊氏要求后醍醐天皇补封自己征夷大将军，因遭到拒绝，其终于不再掩饰，举起了反旗。这一次的反叛很快被楠木正成平定，而楠木正成却忧心忡忡，他对着欢天喜地认为足利尊氏已不足为患的天皇屡次谏言，但天皇此时完全听不进去。

足利氏这次虽然失败，但是各国武士对建武新政失望，对建武朝的反感日益加深，再次出现反叛是迟早的事。如楠木正成所料，当年被废的持明院统旧帝光严院给了尊氏院宣，这相当于给了尊氏大义的名分，他兴奋地重新召集兵马，预备讨伐后醍醐天皇，重扶光严院复位。此时，尊氏手持院宣已然有了在各国征兵的权力。

延元元年（1336年）四月，足利尊氏果然卷土重来。当后醍醐天皇惊慌失措问计楠木正成时，楠木正成上了奏折。但他的战略再次被贵族公卿阻止了，楠木正成明知必败，但为了他发誓效忠的君主而毅然领兵出战。

1336年，史上著名的"凑川合战"就此展开，足利尊氏大败新田义贞，楠木正成自尽，足利尊氏率大军攻克京都，后醍醐天皇趁机逃到大和吉野，建立政权，自称正统（南朝），称京都政权为"伪朝"；对应的，足利尊氏在京都另立一

▲ 战败的新田义贞

位天皇——光明天皇，京都方面自称"京方"，称后醍醐天皇的吉野政权为"伪朝"，这就是日本史上的"南北朝"时期。1338年，足利尊氏从北朝天皇那里获得征夷大将军称号，在京都建立了足利幕府。

交付三神器：日本统一

南北朝对峙的局面形成后，后醍醐天皇于1339年病逝，终年52岁。相传他去世时一手握着《法华经》，一手抚剑，留下的遗诏中念念不忘"尽灭朝敌"，为不能在有生之年看到收服北朝而遗恨不已，连他的陵墓都是坐南朝北，以此来表达他的遗愿。此时的南朝已岌岌可危，支撑着南朝的栋梁北田显家和新田义贞都已战死，新继位的后村上天皇年仅12岁。当时的局势是南北朝各占三分之一，余下的三分之一左右摇摆，处于分裂之中。原本后村上天皇任命经营北陆的胁屋义助为西国、四国总大将，希望能将四国收归名下，然而在1342年，胁屋义助忽然病逝，由此四国地区一直处在分裂之中。北朝步步紧逼，尊氏重臣高师直率军已经攻陷了南朝的首都吉野，连后村上天皇都狼狈逃离，似乎北朝马上就能消灭南朝，统一天下，不料，足利幕府却出现了内乱……

内乱是由尊氏重臣高师直兄弟和足利直义、足利直冬挑起的。幕府刚建立时，尊氏是最高掌权者，政务实权由其弟足利直义控制，其威信不亚于尊氏，足利直冬是尊氏庶出长子，被直义收为义子。对尊氏来说，足利直义更具威胁，他多次偏袒高师直兄弟，最后兄弟两人终于撕破脸，足利直义于1350年干脆主动提出归降南朝，幕府一分为二，史称"观应之乱"（北朝观应元年）。足利直义来势汹汹，即便尊氏低头将高氏兄弟交给直义也不肯罢休，尊氏索性也归降南朝，取得了追讨直义的诏命。北朝的崇光天皇莫名被废，此

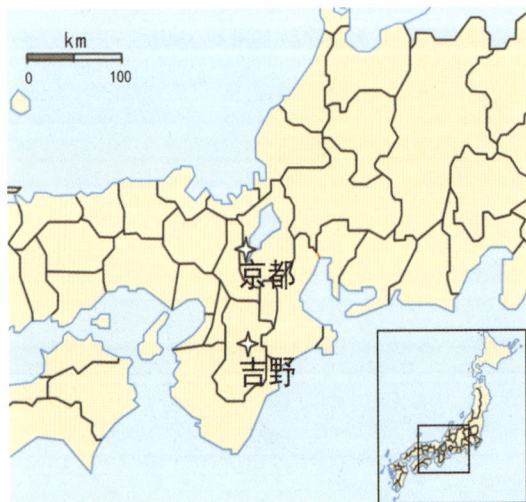

▲ 京都朝廷与吉野朝廷

▲ 画卷中的倭寇

时只有南朝一个天皇，天皇朝廷似乎又归于一体，史称"正平一统"。不过好景不长，在足利尊氏打败足利直义后，立刻翻脸不认人，北朝继立光严天皇，"一天两帝"的局面再次重现。

1358 年，足利尊氏死于京都，其子义诠继位，继续进攻南朝。之后数年间，南北朝一直处于内乱外战不断的极端混乱中，连幕府的将军都摇摆不定，一会儿归北朝一会儿归南朝，更别说地方武士了，朝降暮叛是常有的事。战乱使大量武士失去了土地和主家，他们无法在日本内陆生存，于是沦为盗贼，甚至渡过大海去朝鲜半岛和中国抢掠，这就是倭寇的开端。

1367 年，足利义诠去世，足利义满成为足利幕府第三代将军，北朝实力大增，南朝日渐衰落，双方经过多年谈判终于有了结果，南朝的后龟山天皇离开吉野，将象征皇室正统的三神器交付给北朝的后小松天皇后，于嵯峨大觉寺隐居——南北朝时代就此终结。

延伸思考 ❓ 日本南北朝是如何统一的？

时间轴 1334—1392 年

- 1334 年 后醍醐天皇改年号建武，进行"建武中兴"
- 1335 年 光明天皇即位，建立北朝
- 1336 年 足利尊氏打败后醍醐天皇，史称"凑川合战"
- 1338 年 足利幕府建立
- 1350 年 足利直义归降南朝，幕府一分为二
- 1392 年 南北朝统一

室町幕府的统治

1368 年，第三代将军足利义满继位，他将一所位于室町并且种植了许多花卉的邸宅作为幕府政所，从此有了"室町幕府"之称。守护和地头的势力在室町幕府得以保存，由于足利氏没有源氏那样强大的家臣组织，他们对守护既依赖又警惕，"半济法"之后，守护大名的力量更加壮大了。

武家道德规范：《建武式目》

室町幕府的机构设置仿效镰仓幕府旧制，由于本身政所在京都，所以在镰仓要地设置了代理幕府，又称小幕府。守护仍然作为幕府委派到各地方的代表，负责相关政治军事事务。地头仍然是幕府派到庄园内的代表，掌管庄园土地相关事务。

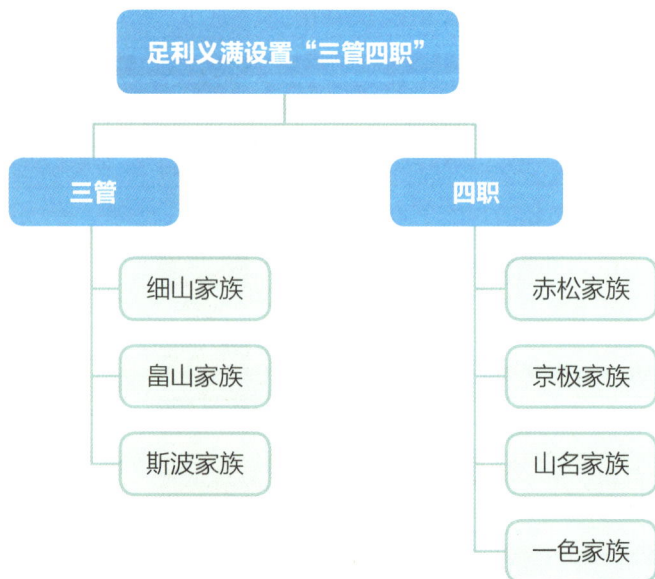

```
足利义满设置"三管四职"
├── 三管
│   ├── 细山家族
│   ├── 畠山家族
│   └── 斯波家族
└── 四职
    ├── 赤松家族
    ├── 京极家族
    ├── 山名家族
    └── 一色家族
```

在政治革新上，尊氏继续沿用镰仓武家法典《贞永式目》，并以此为基础制成新法典《建武式目》，共17条，对一些具体行为有了明确的规范。主要内容有禁奢侈、贪污，公正审判，镇暴行，选贤戒怠，禁止权贵和僧侣插手政界等。这些被看作"武家道德规范"。

1398年，足利义满设置了"三管四职"，由几大家族轮流担任，以防止强大的守护大名世袭，并让其互相牵制，以便于幕府可以从中保持自己的地位。但这种制度并不稳定，将军家内部、与将军家接近的封建领主之间，以及地主、封建主之间的冲突仍不断发生。

幕府和守护大名的矛盾

足利幕府与镰仓幕府比起来显得先天不足，足利氏没有源氏那样主从关系庞大的家臣组织，但它所面对的各种势力的复杂情况却并不少。为了稳定局势，巩固政权，它只能依靠各国守护的力量。1352年，足利氏发布"半济法"。法令将以"兵粮米"名义向公家、贵族、寺社征收年贡的权力正式赋予给守护和国内武士。也就是说，守护支配庄园土地成为合法。

守护通过这一法令，公开侵入庄园，占有年贡和土地，派驻自己的家臣，在处理土地纠纷时，刻意收服庄官将其培植成为自己的家臣。经过种种蚕食手段，守护的统治权大为增强。他们有自己领地，统治农民，与武士成为主从关系，这种守护被称为"守护大名"，

▲ 三代将军足利义满

幕府颁布"半济法"

守护获得征收年贡的权力   守护支配庄园合法化

下令禁止守护蚕食贵族财产

统治农民   广收武士家臣   "守护大名"形成   领国、分国形成

足利氏解除管领职务，准备分解大名

守护大名干涉幕政   矛盾加深，威胁增大

足利义满介入，三分土岐康行

"美浓之乱"

足利挑起山名氏内乱

"明德之乱"

足利义满针对大内氏

"应永之乱"

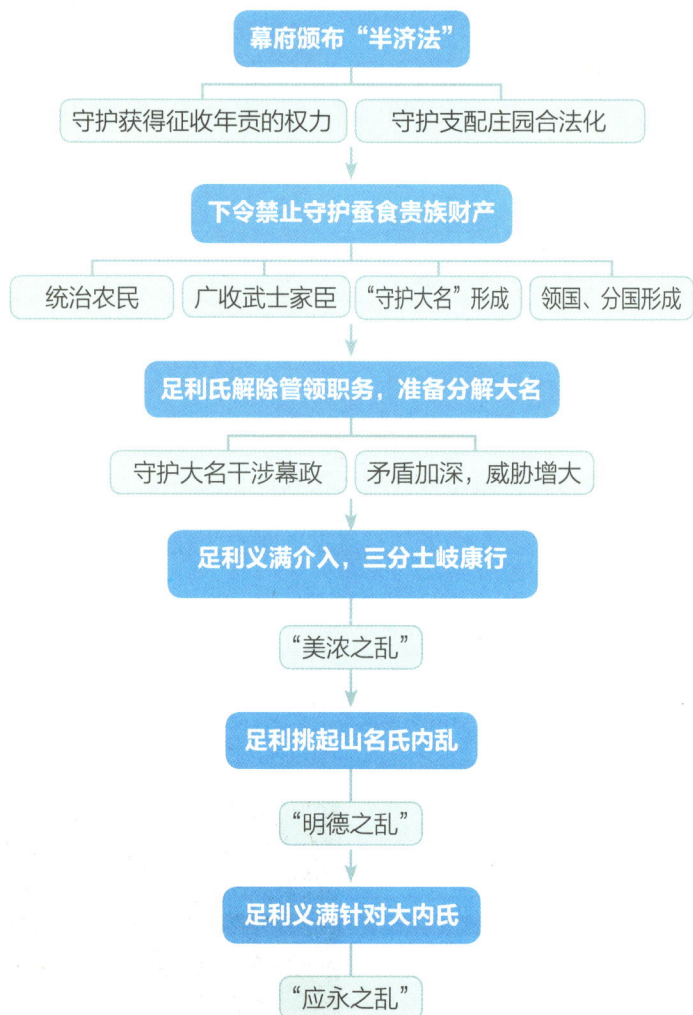

▲ 足利氏"花之御所"（将军宅邸）

其国为"领国"或"分国"。随着守护势力的增强，庄园主对庄园的控制难以维持，即使尊氏曾下令禁止蚕食贵族财产，也无济于事。庄园制走向衰落已是历史必然，而守护大名的势力开始壮大起来，在政治上也有了一定的要求。

▲ 1885 年时的鹿苑寺

幕府同守护大名间的矛盾加深，有的守护大名竟然干预幕政，这已经碰触了幕府的底线。1379 年，足利义满在一些守护的威胁下不得不解除了自幼辅佐他的近臣细川赖之的管领职务，这种威胁让他感觉到了危险，他开始准备对足利氏以外的超级守护大名动手。1390 年，爆发"美浓之乱"，身兼美浓、尾张和伊势三国守护之职的土歧康行一族因继承人问题发生内讧，足利义满趁机介入，将其一分为三，使之再无与幕府对抗之力。1391 年，爆发"明德之乱"。这次发生在山名氏身上，山名氏在 1364 年已经领有丹波、丹后、但马、因幡、伯耆、美作六国，后来又领有山城、隐岐、出云、和泉、纪伊五国的守护职，也就是说在日本 66 国中领有 11 国，被后世称为"六分之一殿"。足利义满早就视之为眼中钉肉中刺，他通过挑起山名氏嫡庶之争，引发其内斗，又寻衅挑起战端，最终山名氏大败，大部分领地被没收。由于山名时熙从军，只留下但马、因幡、伯耆三国的领地。名镇天下的"六分之一殿"变成三国的守护，山名氏从此沉寂下去，直到山名时熙忍耐多年后方才崛起。

1399 年，不满足现状的足利义满再次挑起"应永之乱"，这是最后一次大规模行动。这次被盯上的是大内氏，大内氏原本的守护领是周防、长门，后来在"明德之乱"中立下功劳，最终成为周防、长门、石见、丰前、和泉、纪伊六国守护职，同时通过对明朝和朝鲜的贸易大发横财，引起了足利义满的注意。他蓄意挑起争端，引大内氏谋反，

> **历史拓展**
>
> 太政大臣，日本律令制度下的最高官位，位居太政官四大长官之首（太政大臣、左大臣、右大臣、内大臣），与左大臣、右大臣并称"三公"，大唐称"相国"，淳仁天皇一度改名为"太师"。太政大臣为非常设官职，辅佐天皇，总理国政，定员一人，对应位阶为从一位或正一位。

然后亲自带兵讨伐，最终大内氏战败，守护领又只剩下最开始的周防、长门两国。应永十五年（1408 年），足利义满去世，各地守护势力继续膨胀，历代幕府将军仍想采用足利义满的分化、瓦解等策略，却因没有对方的才能而屡屡失手。

幕府与朝廷的关系

第三任将军足利义满在任期间，是足利幕府实力最强大的时候，皇室的权能更多地被转移到幕府中。首先，确认公家、寺社领地的相关事宜原本是由天皇或者院宣决断，现在改为由幕府将军签署"御判御教书"的形式宣布，对于两个"本所"之间领地发生纠纷的审判也改在幕府法庭进行。甚至，天皇即位、神宫改建修缮，原本由朝廷临时征税解决，此时这个权力也收归将军之手。足利义满的祖父尊氏、父义栓两代官位只叙到二位、权大纳言，到了足利义满，1394 年他已经取得太政大臣的要职，在他之后历任将军均取得大臣身份，名正言顺地成为日本实际上的最高统治者。

延伸思考 守护大名是如何壮大起来的？

> **时间轴 1368—1399 年**
>
> | 1368 年 | 足利义满即位 |
> | 1398 年 | 足利幕府设"三管四职" |
> | 1399 年 | 足利义满挑起应永之乱，大内氏战败 |

动乱下的社会经济

南北朝对立时期虽然动乱不已，但日本农业生产和手工业却有了显著的发展，随着交通的发达，商业开始繁荣起来。由于政局动荡，一些溃兵流亡海上，大大增强了倭寇的实力。明朝在这个时期实行严格的海禁，为了防止走私，只允许外国与明朝廷进行有时间、地点限定的朝贡贸易，于是中日之间开始了"堪合贸易"。

农业发展与商业繁荣

《老松堂日本行录》是朝鲜太宗、世宗时代的文臣宋希璟的沿途见闻记录，是朝鲜人关于日本纪行的最早记录，文中曾经提到日本三季稻的事。在室町前期，日本农业生产方面已有显著发展，水稻有早中晚之分，而且在灌溉方法上也懂得利用水车引水灌田，生产技术的提高，使得水稻单位面积产量大大增加。各种经济作物，例如芝麻、苴（灯油原料）、蓝草（染料）在各地也开始栽培。另外，鱼市场在各地出现，大规模制盐，渔业、盐业都有了发展。造纸业、制陶业、酿酒业、榨油业、金属铸造业、纺织业等手工业生产形成了多处制造中心。同时，明朝很多纺织工匠来到日本进行技术交流，一些日本新兴城市的丝织品质量很高。

在一些重要的城市里，自镰仓末期以来发展成为专门的中间商的"问屋"日益增多，市场也从每月开三次发展到每月开六次。商人们拥有巨额财富，同时同业公会"座"开始增多，如油座、粉座、酒座等。商业的繁荣又反过来带动了交通的发展，此时的交通主要依赖运输力强的海上运输，主要的海陆干线计有从中国、四国地方渡濑户内海进入摄津的兵库，再溯淀川通往京都、奈良；有从北陆方面经越前的敦贺，模穿琵琶湖直往大津、京都的路线；还有一条是沿东海道沿岸航至伊势的桑名登陆，再从近江通到京都。随之，新兴城市发展起来，如港湾城市、处在交通枢纽处的城市，还有消费阶层聚集的居地城市。定居在城市里的商人，从镰仓末期起开始被称为"町人"。此时，15 世纪的日本城市还都处在守护大名的统治之下。

初期倭寇 VS 明朝海禁

元太祖忽必烈攻打日本未果后，中日邦交

▲ 倭寇图

一度断绝，但民间贸易一直在进行，只是屡受"倭寇"侵扰。倭寇来源于镰仓幕府以来形成的海盗以及武装商人，他们以沿海的以对马、壹歧、北九州的松浦和濑户内海为据点，屡次侵掠朝鲜半岛和中国大陆沿海郡县。日本南北朝时期，政局动荡，一些溃兵流亡海上，大大增强了倭寇的实力。1369 年，明太祖朱元璋遣使赴日交涉，希望南朝征西将军怀良亲王镇压倭寇，但遭到拒绝，而且斩杀明使。1387 年，明太祖下令断绝日本贸易，严格海禁，派兵剿御倭寇。

足利义满统一日本后，出于财政需求，外加政治上想借助大明帝国来巩固自己的将军地位，于是下令取缔倭寇，并遣使赴南京，希望恢复邦交。1404 年，明成祖朱棣允许日本以朝贡形式同大明贸易，这正是勘合贸易。

日中恢复关系——"勘合贸易"

勘合贸易指以朝贡方式进行，外国商船载贡品及各自方物土产来华，明朝廷收贡品、购方物后，以"国赐"形式回酬外商所需中国物品。明朝对各国贡期或三年，或五年，对日本则规定十年一贡。贡舶必须持有明廷事先所颁"勘合"（即执照签证）。明勘合贸易的实质是官方主持的海外贸易窗口，但海上贸易获利甚巨，仅允许勘合贸易的做法刺激了民间走私和海盗活动，甚至成了"倭患"加剧的部分原因。这种贸易方式对日方很有诱惑力，明政府不但承担使节所有成员的食宿费用，还会免费供应其归途一个月的用粮。更重要的是明政府的回赠价值大大超过了贡献方物的价值。

1408 年，足利义满死，其子足利义持继任将军后，断然中断日明关系，导致倭寇劫掠大明沿海的活动再度猖獗起来。1428年，足利义持死，新任将军足利义教决心恢复日明邦交，任命入日明僧龙室道渊为正使，携带国书赴明。1433年五月，龙室到北京，向宣宗献方物和国书，在北京签订宣德贸易条约取代《永乐条约》。条约规定十年一贡，贡船不超过三艘，人员不超过三百，刀剑不超过三千。此后日明贸易正常进行，一直到1547年，日本派出贸易团十一次，时间持续百年以上。

> **历史拓展**
>
> 在堪合贸易中，明朝由日本输入硫黄、铜等矿物、扇子、刀剑、漆器和屏风等；日由明朝输入：明钱、书籍、丝绸、唐伞、瓷器、砂糖、中药、铜器、陶器、丝、丝棉、布、绵绸、锦绣、红线、水银、针、铁链、铁锅、瓷器、古文钱、古名画、古名字、古书、药材、毡毯、马背毡、粉、小食笼、漆器、醋和其它织品等。

日朝经济关系

1392年，朝鲜李氏王朝建立。足利义满与李氏以剿灭倭寇为前提，保持两国通好。日朝贸易同样采取了堪合贸易的形式，由对马守护宗氏对贸易出口数量进行控制。贸易港口限于乃而浦、富山浦、盐浦三港。随着贸易发展，双方摩擦加剧，16世纪初，终于发生了大规模冲突事件，这之后日朝贸易不复往昔。日朝贸易中，日本输出扇、刀剑、硫黄、铜、银、染料、香料、药材、砂糖等，朝鲜输出的多是棉布、布帛。其他如人参、虎豹皮等朝鲜特产品也是输出大宗。《大藏经》《大般若经》和佛具的输出在初期居重要地位。

延伸思考 ? 堪合贸易对幕府的影响如何？

时间轴 1369—1433年

1369年	明太祖派使者赴日商谈倭寇事宜被日本拒绝
1387年	明太祖下令断绝中日贸易，派兵剿御倭寇
1404年	明成祖恢复中日"堪合贸易"
1408年	足利义持中断中日贸易
1433年	足利义教派使者签订宣德贸易条约

室町时期的文化

朱子学形成于中国宋代，最初并没有被当作独立的学问，而是依附禅宗，作为禅僧的一种文化教养通过留学僧传入日本。到了南北朝时期，义堂周信及其弟子把儒学作为政道的一种参考，专门为幕府将军足利义满讲解经义。从此，朱子学在日本贵族中备受推崇。

朱子学与《神皇正统记》

后醍醐天皇刚继位时，有三位重要的臣子辅佐他复兴皇室，分别是吉田定房、万小路宣房和北畠亲房。禅僧玄惠曾入宫讲解朱子学，北畠亲房和天皇共同拜在其门下学习。

南朝建立后，朱子学被当作室町幕府和北朝皇室与南朝皇室进行斗争的思想武器。北畠亲房所著《神皇正统记》记述了从神武天皇到后村上天皇的皇位传承历史，论述了南朝的正统性，批判了院政和武家政治，强调"大义名分""三纲五常"，讨伐"乱臣贼子"。《神皇正统记》还对神话传说加以演绎，借朱熹理气学说，为"肇国悠久""皇位神圣"寻找哲学依据，通过"神器授受"论述皇统的继承，为南朝乃正统提供根据。

他主张天皇必须拥有三种天神赐予的神器，并且具备相对应的正直、慈悲、智慧这三种道德，武士们应该按照传统秩序辅佐真正的天皇，社会才能长治久安。《神皇正统记》为所谓独特的

> **历史拓展**
>
> 1336 年，足利尊氏占领京都，并拥立光严上皇的弟弟丰仁亲王号令天下，也就是光明天皇。后醍醐天皇被迫答应退位，并将三种神器授予光明天皇。待他逃走后，后醍醐天皇建立南朝，宣称北朝乃伪朝。据说后醍醐天皇当初交给光明天皇的三种神器都是赝品，神器始终保存在南朝天皇手中。在日本，神器在谁手里，谁才算是正统。

日本"神国国体"的"理论"奠定了基础。

民间文艺和文学艺术

"能乐"在日语里是"有情节的艺能",是日本传统艺术形式之一,从平安时代中叶起一直被称为"猿乐",是在吸收中国散乐的基础上创立和发展起来的一种带有滑稽性的表演的一种对白艺术。

室町时代的著名演员和剧作家世阿弥搜集了很多散落的民间艺术,可谓集歌舞之大成,创造了日本民族戏剧。他的著作之一《花鼓书》是日本

▲ 能剧

最早的一部戏剧艺术理论著作,奠定了日本民族艺术理论基础,另一著作《能作书》是日本最早的一部讲戏剧创作方法的著作。能乐的内容广泛,有关历史传说以及歌颂武士、高僧的剧目普遍受到上层阶级的欢迎。能乐剧歇幕时会穿插"狂言",狂言使用的是口语,风格生动活泼,尖锐辛辣,批判讽刺。"能乐"和"狂言"的发展,为以后的"歌舞伎"和"人形净琉璃"的诞生准备了条件。

日本传统艺能当中的"演剧"——能、狂言、歌舞伎、人形净琉璃,被称作四大古典戏剧,各具特色,均已被列为联合国教科文组织的非物质文化遗产。

室町时代禅僧的五山文学十分兴盛。当时入山为僧必须考中国语,及格后方能出家为僧。所以僧人们都精通汉文学,写了许多汉诗、文章,其中比较杰出的有虎关师栋、义堂周信等。武士文学作品中较有价值的是一部历史小说《太平记》,这本书记述了从"建武中兴"到南北朝大约五十年间战乱的历史,反映了南北朝时期的社会面貌以及各阶级的思想状况。

延伸思考 为什么朱子学受到日本统治者的重视?

第七章

室町幕府的末路

在室町幕府后期，幕府的控制力远远不如由北条氏执政时期的镰仓幕府。"应仁之乱"摧毁了京都，繁华的城市几乎变成废墟，百姓、武士、公卿、皇室，就连幕府也在劫难逃，无数的战役几乎把所有势力卷入进来。

一向宗农民战争是迄今日本农民反封建斗争史上最光辉的一页，波及半个日本，影响长达百年，显示了宗教的力量。

幕府的衰落

如果把镰仓幕府和室町幕府做对比，室町幕府显得更有"权势"。首先，没有把将军当作傀儡来"执权"，其次，公武两重政权转化为武家独立的政权，但实际上，室町幕府的控制力远远不如由北条氏执政时期的镰仓幕府。1467 年，"应仁之乱"的爆发直接开启了战国时代。

危机重重：国人壮大

室町幕府初期，存在一些兼任数国守护职的武士家族，为了与南朝对抗，争取更广泛的支持，幕府默认了他们的权势。镰仓初期，御家人是幕府的亲信，二者有严格的主从关系，到了室町时代，御家人开始和守护缔结主从关系，且无法遏制。镰仓府"关东将军"的存在开始给幕府造成威胁。关东将军下辖十国，随

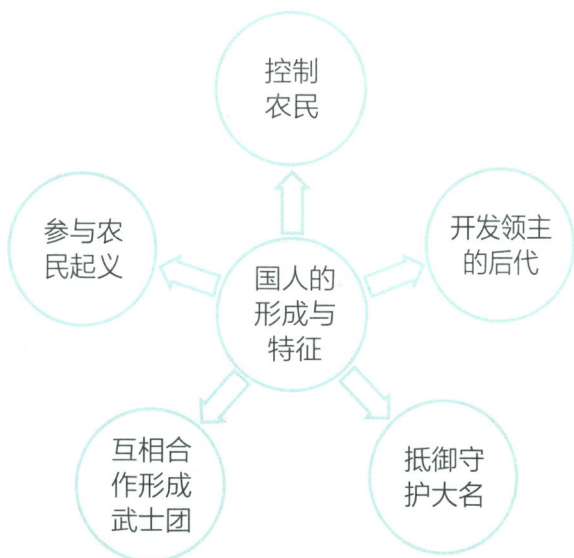

控制
农民

参与农
民起义

国人的
形成与
特征

开发领主
的后代

互相合
作形成
武士团

抵御守
护大名

着权势扩大，关东将军希望脱离幕府，建立关东独立王国。随着"用享之乱""嘉吉之乱"的接连爆发，幕府又遭到了京畿地区农民起义的打击，从此一蹶不振。守护大名的领国内也不太平。几次农民起义下来，有一股"国人"势力开始壮大。他们实际上是控制着农民的乡领主，大多都是本地有着久远宗谱的开发领主的后代，为了共同抵御守护大名以及"守护代"的介入，相邻的国人往往互助合作，形成新的武士团。

国人所参加的农民起义，守护大名之间以及守护大名家族内部开始相互斗争，斗争的核心其实是守护家的继嗣之争。这种斗争波及范围越来越广，大名间的斗争也波及了幕府。让人始料不及的是，这场斗争波及范围之广，竟然让日本三分之二以上的守护大名都先后卷入这场战争之中，这场斗争也持续了长达十一年，主战场京都惨不忍睹，这就是"应仁之乱"。

开启战国时代："应仁之乱"

1398 年，室町幕府设立了"三管四职"的统治体系，随着时间的推移，到了 1467 年也就是应仁元年，这些幕府的核心守护家族产生了不同的变化。三管领家族中，细川氏始终最靠近将军，大权在握，是重臣中的重臣，而斯波氏公卿化倾向严重，畠山氏已经衰败；四职中除了山名氏蒸蒸日上，其他三家都已没落，最终只有在幕府日渐衰落的大局势下，细川氏和山名氏才有资格争夺在幕府中的权威。

▲ "应仁之乱"

幕府八带将军继任问题	
弟弟足利义视为继承人，细川氏辅佐	八代将军嫡子足利义尚，山名氏辅佐

管领斯波家的继承问题	
将军足利义视支持斯波义敏	山名宗全支持斯波义廉

管领畠山家的继承问题	
细川氏支持畠山政长	山名宗实与畠山义就

"应仁之乱"爆发	
东军：细川氏，将军足利义政、义视（兵力 16.5 万）	西军：山名氏、大内氏等守护大名（兵力 11.6 万）

首先是幕府将军的继任问题。1464 年，八代将军足利义政决定退位，由出家的弟弟义寻（还俗以后改名义视）还俗后就任第九代将军。当时实权还在义政手里，指定的辅佐大臣是细川氏。然而一年之后，义政之妻日野富子产下嫡子足利义尚。日野富子野心勃勃，并且有钱有势，她为儿子指定的辅佐大臣正是山名氏的"入道宗全"（法号）即山名宗全。

第二起焦点事件是管领斯波家的继承问题。斯波义敏由于和重臣甲斐常治对立而出奔，他离开后，甲斐常治和朝仓孝景拥立了斯波义廉作当主权，但斯波义敏不死心，贿赂京中内臣伊势贞亲，之后将军足利义视下令废止并无过错的斯波义廉，这惹怒了山名宗全。因为斯波义廉是山名宗全的女婿。于是，山名宗全直

▲ 细川胜元画像

接派兵包围了斯波义敏寄居的地方，要求废除伊势贞亲的职务。幕府迫于压力，不得不做出妥协，承认了斯波义廉的当主权并解除了伊势贞亲的职务。

第三起冲突事件是管领畠山家的继承问题，同样是两个继承人，细川氏支持畠山政长，而山名宗实则与畠山义就交好。双方带兵相遇，差点爆发冲突。最终，山名宗全与细川氏势不两立，"应仁之乱"于 1467 年就此爆发。山名宗全方称为西军，兵力 11.6 万人，细川胜元方称为东军，兵力 16.5 万人。将军足利义政和足利义视都站在了细川胜元这边，所以这场大战被认为是山名宗全的叛乱之战。

这场战乱在京都持续了六年，繁华的城市几乎变成废墟，百姓、武士、公卿、皇室，就连幕府也在劫难逃，无数的战役几乎把所有势力卷入进来。直到 1473 年，山名宗全去世，终年 70 岁，而不久之后细川胜元也去世了，终年 44 岁。京都的战乱随着两个大人物的死去平定下来，但地方上守护、豪族之间的大规模的战争仍然每时都在爆发。同时，各大名领国内的农民起义频繁爆发，国人、家臣叛乱越来越常见。回到自己领国的守护大名发现自己的地位岌岌可危，守护代和家臣随时可以将自己取代，这便产生了"新型大名"——战国大名。日本历史进入室町后期，即战国时代。1478 年，双方和解，这场战乱耗时 11 年，足利义尚补任第十代将军。从表面看似乎山名氏取得了胜利，然而在战乱之中，山名氏的势力又变回了三个领国，实力被大大削减。

历史拓展

一休和尚，本名千菊丸，父亲是北朝的后小松天皇，六岁就在安国寺出家，被赐名宗纯，法号一休，所以人们叫他一休宗纯。一休学的是禅宗，却厌恶禅僧的虚伪，足利义满将军举行佛会，唯独一休和尚穿着破烂僧衣，手中带着柳枝而来。足利义满却赞："宗纯真乃赤子狂僧是也。"这就是一休"狂僧"称号的由来。

秩序颠倒，下克上

"旧势力的没落以及新兴势力的抬头"是室町时代的主旋律。从镰仓时代后期开始，以名门武家、公家为首的旧势力不断被随生产力上升而壮大的国人、商人农民等取代。除了三代将军足利义满以外，其他将军的权力基础都十分脆弱，同时守护大名也自身难保，他们的权力渐渐受到守护代或有力家臣强大的影响。"应仁之乱"促使了将军与守护大名的没落，"下克上"的效应

▲ 纸本淡彩一休和尚像

不断在全国扩散，守护大名们转化为战国大名，日本的室町时代步入战乱期，日本历史开始进入战国时代。

"应仁之乱"被视作日本战国时代的开端，而战国时代的特征是"秩序颠倒，下克上"。对当时的日本社会来说，所谓"下克上"最为严重的"天皇朝廷"尊严尽失反而显得不那么特别，因为原本权力早就一点点被幕府夺去，天皇威信所剩无几，但到了此时，却是荡然无存、颜面扫地。据说后土御门天皇去世时竟然无钱安葬，还需要请求寺院和豪商的资助，而商人的地位在日本封建社会是极其卑贱的。同样的，幕府处境也好不到哪去。从足利义尚死去后，幕府将军成为守护们的傀儡，被随意废除和改立，无论谁占据京都都会拥立一位将军，当该势力退出京都或者被打败时，所拥立的将军立刻也就换了人。如同天皇一样，幕府将军已经成为摆设，早已失去了权力。

"下克上"另一种表现就是农民们纷纷揭竿而起，其中影响最大的就是"一向一揆"。宗教在这个时代爆发出令人难以想象的力量，而本愿寺有足够的实力割据一方，这和战国大名又有什么区别呢？

守护大名 VS 战国大名

"应仁之乱"后，伴随着守护大名的没落，战国大名走向历史舞台，他们的主要来源是守护代、守护家臣及地方国人。二者的区别就在于是否愿意维持旧有

庄园的存在。

战国大名按照地区可以分为两类：第一类由守护大名的家臣或在乡的强大国人转化而来，他们集中在近畿、北陆等社会经济相对先进的地区。第二类是在一些比较偏远的地区，从守护大名直接转化为战国大名。

相较于守护大名处处受到幕府限制，战国大名以武力为支柱且拥有独立的领主权，他们以绝对统治者的身份在领内实施自己的统一法律。

对土地，大名们直接把所有曾出现过的传统的土地所有关系统统废除，直接没收，然后以武力和政治手段收服乡武士，将土地一分为三：其一派代官管理，留作直辖地；其二留给归顺自己的寺院；剩余大部分则以知行地（封地）

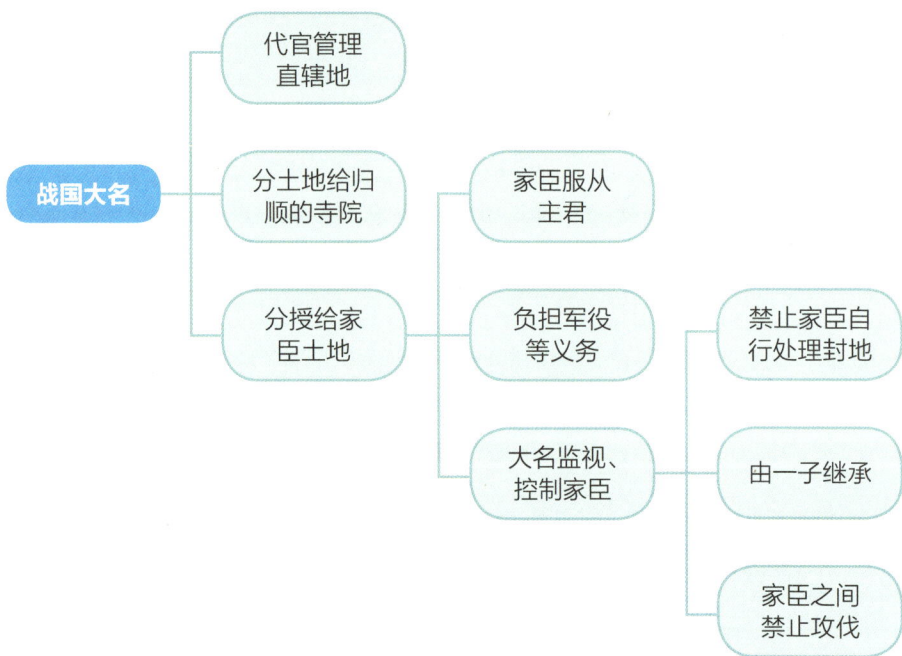

```
战国大名 ─┬─ 代官管理
          │   直辖地
          │
          ├─ 分土地给归 ─── 家臣服从
          │   顺的寺院       主君
          │
          └─ 分授给家 ─┬─ 负担军役 ──── 禁止家臣自
              臣土地    │   等义务          行处理封地
                        │
                        └─ 大名监视、─┬─ 由一子继承
                            控制家臣   │
                                       └─ 家臣之间
                                           禁止攻伐
```

名义分授给自己的家臣。反过来，家臣必须绝对服从主君，负担军役和其他义务。大名对家臣严密控制，并派出密探监视，并且还制定本国法律（分国法或家法）对家臣的行动设下严格的规定。例如禁止家臣自由处理知行地（封地），且最终只能由一子继承；禁止家臣之间互相攻伐。违反这些规定会受到惩罚甚至酷刑。当这种制度建立起来，各大名就拥有了一支等级森严、主从关系严格的强有力的家臣团。

▲ 长崎的葡萄牙卡瑞克帆船

"南蛮贸易" 与天主教的传入

战国大名形成于动乱年代，为了镇压农民反抗以及维持自己的统治，他们在自己分国内纷纷采取了"富国强兵"的方针。庄园基本消失，复杂的土地领有关系变得简单直接，大规模的整治水利和扩大耕地面积成为可能。另外随着耕种技术的提高，单位产量也有所提高。

为了获得货币和武器原料，开矿也是大名们非常关注的活动。采矿和冶炼技术的提高为从露天开采到坑道开采打下基础。这个时期的日本商业很繁荣，市集从每月六次增加到九次，各种专业化的市场如鱼市、米市、马市等建立起来。1543年，一艘葡萄牙海船漂流到日本，一位日本岛主买下了船上的步枪，并很快学会了使用和制造的方法。这种新武器很快风靡日本，使得战术也随之改变。

1549年，天主教传播到日本。日本人称传入的天主教为"切支丹"或"吉利支丹"，传道士们不但传教，也发现了巨额贸易利益。后来，他们还为一些大名接受洗礼，使其成为天主教徒。对佛教失望的农民们，开始对"在上帝面前人人平等"的说教产生了兴趣。传教士们还开设医院，开办教会学校，传入先进的天文、地理、数学、航海、造船、西洋活字排版印刷术等科技知识。对比之下，西方文化初传中国时只停留在宫廷及官僚手中，"南蛮文化"却在日本民间得到一定程度的流传，这为以后日本学习西欧文化奠定了基础。

延伸思考

"应仁之乱"是一场什么性质的战乱？

时间轴 1464—1478 年

1464 年	足利义政退位
1467 年	"应仁之乱"爆发
1478 年	"应仁之乱"结束，山名氏取胜，东军与西军和解

一向宗的兴盛与加贺宗徒"王国"

一向宗源自净土宗，简化教义后，宣称只要怀有虔诚之心，不必出家也可修行。"应仁之乱"时期，连年战乱，民不聊生，一向宗告诉民众，只念佛号就能达成正果。这样简单便捷的教义很快就传播到日本各地，甚至达到偏远的乡村，聚集起数量惊人的虔诚信徒。

"德政一揆"的目的

作为封建阶级社会的最底层，农民要忍受幕府、守护、庄园领主、在乡领主的层层盘剥，这个比例可达到 70%。除此之外，还有各种徭役和苛捐杂税。为了反抗剥削，农民联合起来组织的大规模武装起义被称作"土一揆"或"土人一揆"（统治者称下级武士和农民为"土民"）。由于起义的目的是希望幕府、寺院发布"德政令"，废除严苛的债务关系，因此人们又常常称这种起义为"德政一揆"。比较著名的农民起义有 1428 年的"正长一揆"，京畿农民占领了寺社，破坏了放高利贷的"土仓"。迫于压力，领主们颁布了"德政令"。这被视为极大的胜利。

> **历史拓展**
>
> "一揆"，一般是指被压迫的阶级或集团为反对压迫所采取的统一斗争或者某些人组成的临时联合。语源出于《孟子·离娄》，"其揆一也。"揆就是道、准则的意思。"一揆"意为齐心一致的集团行动。

一向宗的兴盛：一向一揆

在日本古代佛教中，一向宗在历史上的地位非常独特。不仅是这个宗教的教义，更是在战乱不断的战国时代所展现出的宗教惊人的力量。一向宗源自净土宗，净土宗的始祖是源平时代的"法然上人"，据说他是在"一心专念弥陀名号"句中得到启发，于是创立"一向专修宗"。法然上人之后，出身藤原氏的亲鸾上人在镰仓幕府北条执权时代，大大简化了教义，取消了不必要的繁琐程序，开创净土真宗，宣称只要怀有虔诚之心，不必出家也可修行。

净土真宗分为很多支派，本愿寺一向宗是势力最大的支派。"应仁之乱"时期，连年战乱，民不聊

▲ 净土真宗本愿寺中兴之祖莲如和尚

生，无论是贵族还是平民都希望找到安慰心灵的方法，宗教就是人们寻求解脱的途径，一向宗迅速发展起来。从时间看，一向宗大发展是在南北朝到室町后期，从地区看主要是在近锅一带、北陆地方（加贺、越中、能登、越前）、东海地方（三河、尾张、美浓）、越中美浓接壤的飞蝉地方以及中国地方（安艺、播磨、备前、备中）。这些地区大部分属于社会经济发展的先进地区和中间地区。

净土真宗的本愿寺就是一向宗的发祥地。第八代法主本愿寺的莲如和尚，对一向宗发展功不可没，他简化了礼佛的仪式，力排众议，将本愿寺迁移到了宗派比较少的近江，然后频繁对平民布道，扩大寺院势力，将一些信众基础深厚的地方变成了根据地。门徒们自发组织起来，建立起类似教会性质的农会。他们在一起修行，同时也讨论本地的各种

▲ 一向一揆在三河国

事务，由于战乱频发，又演变成了武装自卫组织。当越来越多的门徒联合起来，农会武装便显示出强大的行动力。这就是"一向一揆"的起源。

百姓所有之国：加贺宗徒"王国"

法王莲如组织本愿寺教团原本是为了加强信徒的宗教生活，却逐渐变成了信徒们集会时发泄不满的场所。信徒们开始无所顾忌地行动，即使接到莲如屡次发出的戒条也置之不理。他们否定为封建统治阶级所推崇的神佛，蔑视守护、地头、武家的权力，拒纳年贡，拒服徭役。

在加贺国，信徒们"驱走国务之重职""诽正法，毁佛像经卷，捣神社佛阁"，以致出现"无佛世界"，加贺成了"无主之国"。1488年，加贺起义者向能登、越中、越前各国信徒发出檄文，同时以10至20万大军包围了高尾城。守护大名富樫政亲自杀，起义者旋即迎立富樫泰高（富樫政亲的堂兄弟）为名义守护而接管了加贺国，加贺国大体上成了"百姓所有之国"。

宗教的力量：石山战争

在加贺起义胜利的鼓舞下，各地信徒纷纷仿效，虽然都未获胜，但竟整整坚持了90年。本愿寺原本对宗徒起义一直持反对态度，但是随着信徒规模越来越庞大，其政治影响力和武力已经让其成为一方诸侯，这引起了战国大名的忌惮。1570年，织田信长迫使本愿寺教团决战，第十一代法主显如光佐动员全体宗徒为保卫寺院而战，这场战争坚持了10年之久，直到1580年战败，宗徒力量消失殆尽，包括加贺国宗徒领国在内的各地起义也被逐个镇压下去。一向宗农民战争是迄今日本农民反封建斗争史上最光辉的一页，波及半个日本、影响长达百年，显示了宗教的力量。

延伸思考 一向宗为什么兴盛？

时间轴 1428—1580年

1428年	"正长一揆"，京畿农民占领了寺社
1488年	加贺宗徒王国建立
1570~1580年	本愿寺和织田信长爆发石山战争

第八章

战国风云：谁是天下人

　　"战国"一词最早出自甲斐国大名武田信玄所制定的分国法中。日本历史将从室町时代的"应仁之乱"到安土桃山时代的这段时期称为战国时代。在这段时期里，群雄割据，天下布武，织田信长、德川家康、丰臣秀吉、武田信玄、上杉谦信，将星纵横，英雄辈出，无数惨烈悲壮的生死决战在历史的舞台上轮番上演。

武田信玄 VS 上杉谦信

川中岛合战发生在甲斐国大名武田信玄与越后国大名上杉谦信之间，在北信浓川中岛地区进行了五次大小战役，历时近 11 年，一直僵持不下，双方不胜不败。最终，双方都得以在历史留名。

悍将！甲斐之虎

武田氏出自平安晚期的源氏，由于分封在武田乡，所以以武田为苗字，后来搬到了甲斐国的市河庄居住，成为甲斐国内各源氏后裔的领袖。1416 年，由于受上杉禅秀之乱的波及，甲斐守护武田信满战死，新任守护武田信元在甲斐国的各种压力下，勉强站住脚跟。在他之后继任的是他的叔父武田信重，在其继任期间，重臣武田信长遭到守护代（守护的代理一职）迹部氏的驱赶，迹部氏把持了国内实权。

武田信重的孙子继位时，趁迹部氏家督明海去世，于 1465 年联合不满守护代统治的国人，讨灭迹部氏，重新掌握了甲斐国的实权。可惜他的两个嫡子信绳、信惠为争夺家督的位子将甲斐国一分为二。1498 年，武田信惠在承认信绳的一门宗领地位后，武田家得到短暂的和平，直到信绳去世。随后，武田信惠毫不犹豫地向自己的侄子武田信直举起了武器。

初生牛犊不怕虎，1508 年，年仅 15 岁的武田信直竟趁着暴雨奇袭了武田信惠，取得了胜利。年青的武田信直在这一战中树立了权威，之后他或是拉拢或是降服，把国内势力最强的穴山、小

历史拓展

日本姓名一般由四到九个字构成。苗字相当于中文名字中的姓。原有氏族分成若干家族，这些家族以职业、居住地、官职等相称，就变成了"苗字"，也就是一个家族从氏族本家分离出去后产生的新姓氏。正式场合中可以将本家氏姓写在苗字前。

山田、大井等国人招至麾下，强化了统治模式，使大批国人转化为武田氏的家臣，与此同时，武田氏也从守护大名摇身一变成为战国大名。1519 年，武田信直改名武田信虎，人称"甲斐之虎"。甲斐国土地贫瘠，河川长年泛滥，在这样的环境之下，甲斐之虎南抗骏河今川，东战相模北条，西攻诹访、信浓，可以说四面皆敌却能数十年保持不败，不愧为一名悍将。

武田晴信的奋斗

雄心勃勃的甲斐之虎没有想到，自己没有败给战场上的敌人，却输给了自己的嫡子武田晴信。由于武田信直一味用武力压制由国人转化的家臣，而且索取无度却收获甚薄，在进谏无效后，国人们决定拥立武田晴信为新的甲斐守护。1541 年，他们取得了成功，武田信直这只猛虎被流放他乡，武田晴信成为家督。

武田晴信对内颁布了分国法即《甲州法度之次第》，提拔中心国人出身的武士作为亲随，大规模修建治水工程，严格规定封建秩序和义务，在内政建设上下功夫。对外，他继续父亲武田信直的战略：联合今川，借今川牵制北条氏，目标是信浓国富

▲ 武田信玄画像

饶的大米产地，第一个小目标是信浓东南部的"诹访"郡。1542 年，武田晴信吞并诹访，过程非常顺利，这大大鼓舞了武田晴信的信心。1548 年，他败给了上信浓国北部以村上义清为首的七大豪族，这也是他的第一次失败。1550 年，他再次攻克名义上的信浓守护——小笠原长的林城，追其北逃至户石城时，再次被村上义清打败。这次失败对于武田晴信来说打击很大，万幸的是信浓的七家豪族并不团结，村上义清无法继续扩大战果。更让人始料不及的是，不久之后，这座久攻不克的户石城竟然从内部打开了投降的大门。户石城原本属于海野氏统辖，当年

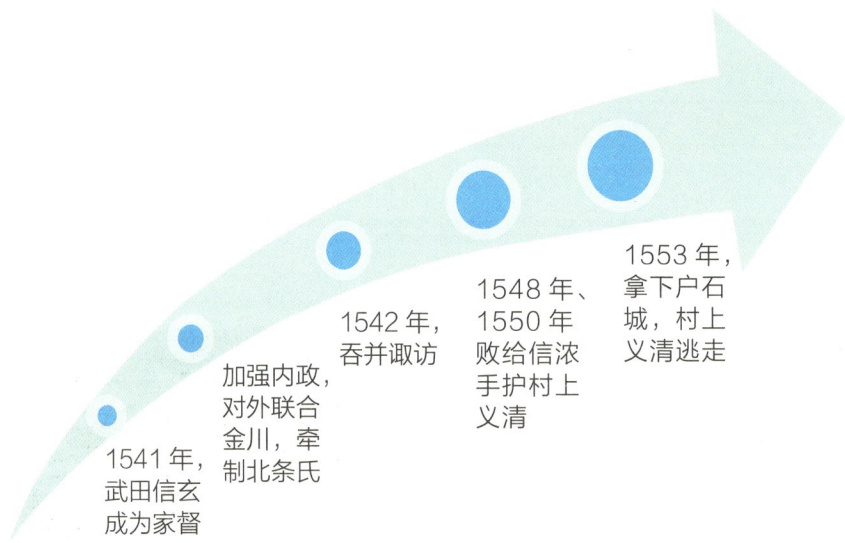

1553 年，拿下户石城，村上义清逃走

1548 年、1550 年败给信浓手护村上义清

1542 年，吞并诹访

加强内政，对外联合金川，牵制北条氏

1541 年，武田信玄成为家督

▲ 武田信玄成为新的甲斐之虎

武田信直谋取诹访时，曾联合海野氏对抗小笠原长和村上，结果战败后海野氏失去了领地。武田氏家臣真田幸隆智勇双全，出身海野氏，他潜入城内，煽动旧臣反抗村上义清，归降武田氏，从内部分裂了户石城，使得武田氏不费一兵一卒便拿下了户石城，自此真田幸隆一举成名。户石城的丢失，严重打击了北信浓豪族。1553 年，原信浓的守护小笠原长、村上、高梨各家族陆续北逃到越后国守护长尾景虎处，从而拉开了川中岛长达 11 年的血战之幕。川中岛合战的一方即武田晴信出家后法名信玄，号德荣轩，历史上习惯称其为武田信玄。

长尾为景的奋战

越后国守护一职原本由山内上杉氏世袭，他们将守护代的重任授予长尾氏，没想到实权逐渐被长尾氏窃取。第一任守护代是长尾景忠。第二任是他的侄子长尾高景，这是一个充满野心的人，他让上杉氏住在府内，自己以建城（春日山城）为名在外管理国中事务，可惜战死于 1389 年。在很长一段时间内，越后国都一直是关东管领山内上杉氏的后盾。几次关东变乱，越后国的守护代家族长尾氏都会带兵增援。

好景不长，双方关系逐渐破裂，关东再次战乱，受到牵连的长尾家督高景之子邦景被守护上杉房定勒令切腹。邦景之子实景逃了，房定任命分家的赖景接任守护代。赖景传给儿子重景，重景传给儿子能景，能景在 1506 年在讨伐一向一揆中战死。1507 年，继任的长尾为景改立上杉定实，逼死上杉房能，史称"永正之乱"。不久，长尾为景遭到上杉氏的报复，房能的兄长关东管领上杉显定与养子宪房率兵杀入越后，长尾为景逃往佐渡。经过整合兵马，长尾为景将上杉显定赶出越后府，激战的结果是关东管领上杉显定被当阵斩杀，长尾为景重新掌控了越后国。即使在战国乱世，当阵斩杀关东管领也是一个惊人的事件，被认为是战国历史上"下克上"的典型范例。

傀儡守护上杉定实阴谋联合众人讨伐长尾为景，反被幽禁。1514 年，守护方上杉氏彻底失败。虽然长尾为景的统治并不稳固，越后国的国人势力过于强大，难以整合聚拢，但最终，新的战国大名还是诞生了。之后。他将家督之位传给儿子长尾晴景，于 1536 年12 月去世。

"越后之龙" 上衫谦信的崛起

由于越后国的守护上杉定实没有子嗣，围绕继承人的人选问题，国内又起了战乱。守护代长尾晴景把自幼在林泉寺出家的弟弟长尾景虎拉了出来。长尾景虎 14 岁被兄长命令还俗，就任栃尾城主，保卫春日山城，在新的内乱中，他很快脱颖而出，在政治和军事上都超越了兄长长尾晴景。1548 年，长尾景虎在守护上杉定实调节下，顺利接任守护代和长尾家督之职。

1550 年，上杉定实去世，越后守护一职暂时空缺，长尾景虎统一越后国，成为实际的统治者，也是新的具有强大实力的战国大名。

▲ 上衫谦信画像

历史拓展

"发菩提心，舍离父母，出家人道。"人寺为僧称出家，在家修行者称入道。这是佛教术语，意思是出恩爱之家而进入菩提之道。

后来他继承关东管领的位子，改苗字上杉，成为上杉政虎，又被将军赐字，更名辉虎，出家入道后法名谦信，因此历史上习惯称他为上杉谦信。

川中岛合战

1553 年，北信浓的七家豪族被武田信玄打败，逃到越后上杉谦信处求救，愿割地做酬劳，以求夺回北信浓。上杉谦信遂派兵进入北信浓，不料却遭遇武田军的埋伏，几乎全军覆没。这是第一次川中岛合战，武田信玄完胜。

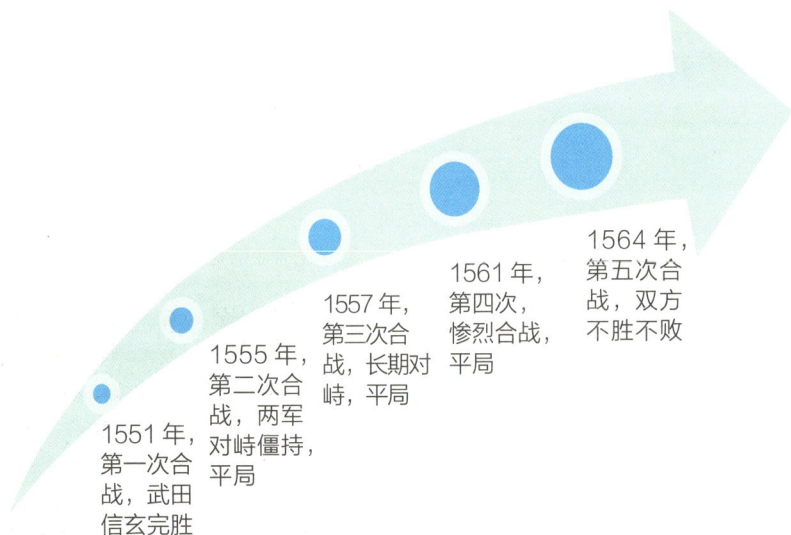

1551 年，第一次合战，武田信玄完胜

1555 年，第二次合战，两军对峙僵持，平局

1557 年，第三次合战，长期对峙，平局

1561 年，第四次，惨烈合战，平局

1564 年，第五次合战，双方不胜不败

▲ 武田信玄 VS 上杉谦信的五次合战

1555 年，上杉谦信亲自带兵进入川中岛，武田晴信坚守不动，两军对峙长达两百多天，最终各自罢兵离去。这是第二次川中岛合战。

1557 年，第三次川中岛合战爆发了。两军稍一接触，又进入长期对峙的阶段。转折发生在第四次合战上，由于双方势均力敌，而且都精通战法，这次合战被认为是最惨烈的一次会战。

1561 年，武田氏在川中岛欲修建一座海津城，可容纳万兵，直接威胁越后。上杉谦信几个月前刚从关东平叛回来，这次便直接领兵而来，他发现城里并没有驻兵，便没有围城，而是去了妻女山扎寨，他的打算是做好被武田信玄围山的准备而直接对决，但是武田信玄不按这个假设来，反而去了另一座山上与海津城呼应，左右夹击，给上杉谦信造成了巨大压力。上杉谦信也不上当，以静制动，武田信玄佯装无可奈何，从山上下来，原路返回海津城，却早已在路上设下埋伏。也许是双方在几次合战中对彼此太过熟悉，上杉谦信并没有上当。

于是，武田信玄改变想法，采用"啄木鸟战法"，分兵四路同时进攻妻女山，引诱上杉谦信下山，武田信玄则在必经之路八幡原埋伏好，前后夹击。计划虽然完美，但上杉谦信却发现了端倪，他在妻女山遥望海津城，发现气氛不同往日，于是抢先率全部兵力偷偷下山，夜渡千曲川，早早来到八幡原。八幡原雾气重重，上杉谦信的兵力是武田信玄的两倍，这场战斗惨烈异常，名将死伤无数，武田氏有名的大将几乎全部战死，直到武田信玄的援兵赶到，上杉军才开始撤退。

这场战役的胜负，学者们的说法并不统一，但由于双方军事素养极高，却被公认为战国史上最惨烈的一场战役。1564 年，第五次也就是最后一次川中岛合战依然保持着双方不胜不负的局面。

武田信玄被后世称为日本战国第一兵法家，他的用兵方略和内政方略在日本军事史上影响力颇深，其"风林火山"（其疾如风，其徐如林，侵掠如火，不动如山）之军旗，成为武田军的一种象征。他擅长指挥骑兵，灵活机智，开创了"甲州流"兵法。上杉谦信则信奉佛教，被认为是毗沙门天的化身。日本史学界的权威坂本太郎在其著作《日本史概说》中评价上杉谦信是一个尊神佛、重人伦、尚气节、好学问的人。

延伸思考
川中岛合战双方表现出了什么特点？

历史拓展

赤备，顾名思义，就是红色的铠甲，多指以骑兵为主的部队。建制均为真正武家出身的武士，还包括一些极具组织观念的忍者。甲斐国的武田家便采用赤背装束，统一的火红盔甲，成为整个战国的一道特殊风景。

时间轴 1553—1564 年

1553 年　第一次川中岛合战

1555 年　第二次川中岛合战

1557 年　第三次川中岛合战

1561 年　第四次川中岛合战

1564 年　第五次川中岛合战

北条氏的 "关八州" 之梦

室町时代，由关东将军镇守镰仓府，并把甲斐、伊豆、相模、武藏、安房、上总、下总、上野、下野、常陆十州作为其管辖领地。去除甲斐和伊豆，总称"关八州"，也就是我们常说的关东地区。北条氏四代人一直谋求能把关八州变成自己的独立王国，然后在诸多势力中称霸，但却始终未能如愿。

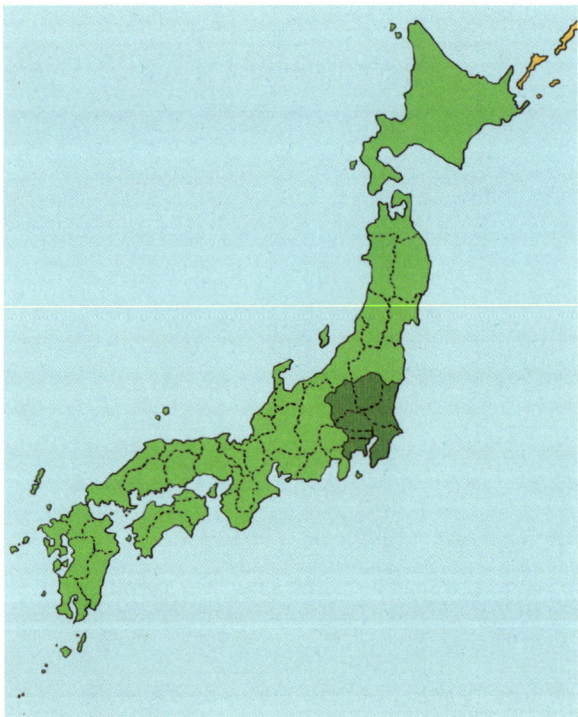

伊豆守护：北条早云

1491 年，堀越公方足利政知去世，国中动乱，骏河守

▲ 关东地区的位置

护今川氏的家臣北条早云流放了政知之子茶茶丸，并一举平定了伊豆国。之后，北条早云又于 1496 年应关东上杉定正的请求，奇袭相模国名城小田原，赶走大森氏，并占据了小田原，从此这里便成为北条氏主城。1516 年，北条早云占据了整个相模国，同年八月，将军足利义澄下诏，任命北条早云为伊豆守护，这表明北条氏正式脱离今川氏的阵营，成为独立的战国大名。1518 年，北条早云传位儿子氏纲后，于第二年去世。北条早云所代表的北条氏与镰仓执权的北条氏并没有血缘关系，所以一般被称为小田原北条氏。

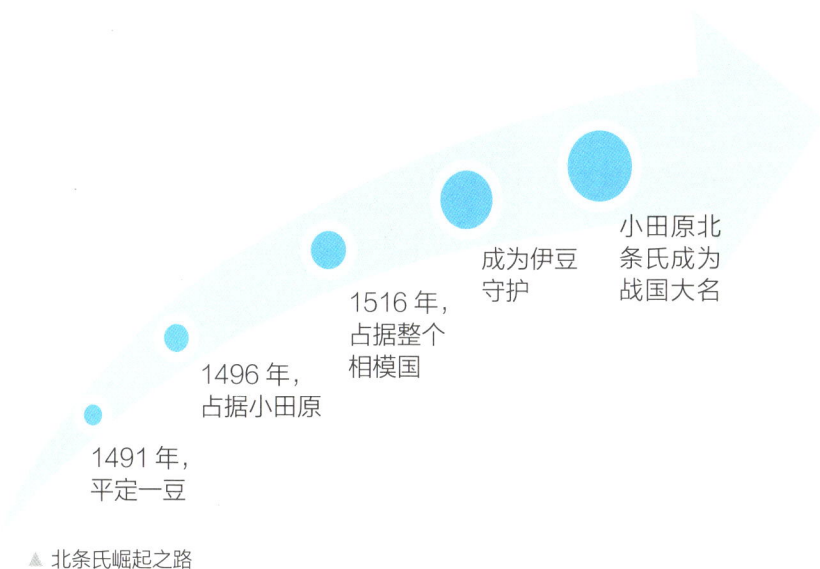

▲ 北条氏崛起之路

图中文字：
- 1491 年，平定一豆
- 1496 年，占据小田原
- 1516 年，占据整个相模国
- 成为伊豆守护
- 小田原北条氏成为战国大名

渔翁之利：第一次国府台合战

上总国势力真里谷武田氏家督武田信保将古河公方足利高基的弟弟足利义明迎到上总，双方联军攻陷了下总势力原氏的主城小弓城，史称小弓公方。足利义明声望大涨，反客为主，武田信保忧愤而死，其子嗣为争夺家督，引起战乱。

1538 年，双方在国府台列阵，北条氏纲得到了足利晴氏的支持，十月，双方开战，足利夹击战术失败，被北条军突袭成功，足利义明战死。小弓一方溃不成军，多名将领战死，而里见氏不但尽收小弓公方遗臣，还吞并了小弓家的领地，成为关东仅次于北条氏的第二大势力。北条氏进军上总，武田信隆夺取小弓城。1539 年，北条氏侵入安房，被里见氏击退。

河越夜战：北条氏 VS 关东联军

河越城（今东京附近）位于整个武藏国的中心区域，既是关东管领上杉氏的主要据点，也是越后地区与镰仓地区连接的交通要地。北条氏占有河越城的控制权，引起了周围大名们的警惕。于是趁着北条氏康刚接任第三代家督之机，今川家、武田家、关东两支上杉氏结成联军包围了河越城，共同向北条氏发难。

联军主将是关东管领山内上杉宪政，副将由扇谷上杉朝定担任，联军号称二十万，实则八万。之后北条氏康在 1545 年与今川义元在长久保城的对战中失败。

河越城的守将北条纲成目前手下只有不到一千人，除了严守不战外也没有别的办法，他派人去小田原找北条氏康求救，然而氏康刚刚大败，他很清楚现在开战必败无疑。于是，他请求和谈，上杉宪政自然不同意，既然氏康并没有派兵援救，他也就置之不理，只等城内弹尽粮绝，自然会开城投降。就这样，河越城被包围了整整半年，而围城联军逐渐松懈下来，毫无战场氛围。北条氏康在发现这一状况后，灵

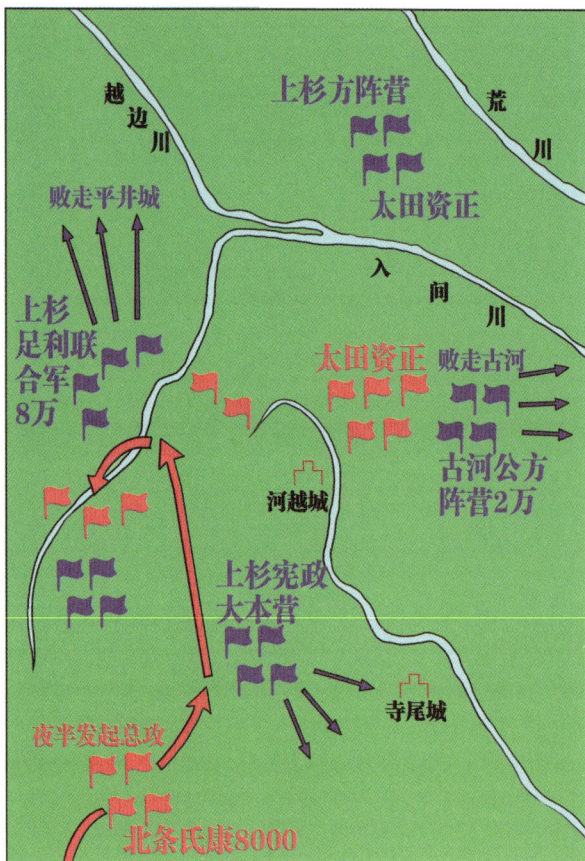

▲ 河越夜战图

机一闪，于次年四月，亲领八千精兵，夜袭河越。关东联军毫无防备，猝不及防，城内北条纲成趁势杀出，两相呼应，一夜之间，八万联军溃不成军，副将上衫朝定死于乱军之中。

日本战国时期有三大奇袭战，其中的河越夜战双方兵力最为悬殊、策划时间也最久。这场战役，决定了关东地区的大局。管领上杉宪政逃到了越后，1554 年，北条氏康攻克古河，立足利义氏为古河公方，基本确立了关八州的支配体制。

父债子偿：第二次国府台合战

这次合战双方是第一次国府台合战双方的儿子，即北条氏康和里见义弘。起因是应上杉谦信之约，里见氏和太田氏于 1564 年进攻后北条氏，被北条氏康识

破，太田、里见联军列阵国府台，趁北条氏大军刚到就突击过去，北条军伤亡惨重。联军大胜后于当夜狂欢庆功，被复仇的北条氏康趁夜偷袭，联军大败。里见义弘好不容易才留住性命。这次合战，北条氏再次取胜，里见氏几乎灭亡。然而后北条氏的日子也并不好过，上杉谦信虽然被他赶出了关东，但1568年，武田信玄忽然撕毁甲骏相三国盟约，杀到小田原城下。此时北条氏掌权的是氏康的长子氏政，他极力促成"越相同盟"，死守小田原城，武田信玄只能退兵而走。

这座小田原城（今神奈川县小田原市），虽然没有可以倚靠的地利，但却凭着坚固的工事成为战国时天下闻名的金池汤城，北条家借以保住近百年的平安。

北条氏四代一直谋求能把关八州变成自己的独立王国，然而虽然称霸，却始终没能真正地将国人收为家臣，能完全掌控的也只有伊豆、相模和武藏南部。北条氏更像是诸侯割据时的盟主，那些手下成员如上总的里见、下总的千叶、常陆的佐竹、下野的宇都宫，左右摇摆，并不可靠。

延伸思考 北条氏的"关八洲计划"为什么没能实现？

▲ 北条氏康画像

历史拓展

北条家在战后联合今川氏停止对甲斐供应食盐，武田信玄着急上火的时候，竟然是死对头上杉谦信派人给他送来海盐，并在信上说"我与公战，以刀剑不以食盐"，这被传为美谈。

时间轴 1516—1564 年

1516 年	北条早云占据相模国
1538 年	北条氏打败小公方
1546 年	河越夜战后，北条氏打败关东联军
1554 年	北条氏康攻克古河，确认关八洲支配体系
1564 年	北条氏打败里见氏

毛利氏笑看"中国"风云

在日本国土中,"中国"一词指的是本州岛西部的山阴道、山阳道。山阳道包括播磨、美作、备前、备中、备后(三备)、安艺、周防和长门,山阴道则包括丹波、丹后、但马、因幡、伯耆、出云、石见、隐岐,共十六国。大内氏、尼子氏都是这片地区的霸主,却不料小小的毛利氏最终笑到了最后。

陶晴贤以下克上

"应仁之乱"中挥师上洛、打败东军的大内政弘因此名扬天下,大内氏的大本营就在中国地区。1494年大内义兴被让位家督,大内氏从守护大名逐渐转化为战国大名。1495年,大内义兴将内部反对势力清扫一空,又抓住机会于1508年,保护足利义尹将军回到京都成功复位,大内义兴也得到了管领代的职位,并加封山城守护。此后十年,他一直住在京都而国内豪族出云的尼子氏崛起,开始与大内氏争夺霸权,直到他去世,传位大内义隆。

1535年,后奈良天皇看在大内义隆所献的大量礼金的情分上封他做了太宰。京都的贵族文化让大内义隆着迷,生活奢靡腐化,大权旁落于重臣相良武任之手。

大内家的重臣陶氏与相良武任矛盾重重,1551年,陶隆房举兵,杀死相良武任,流放了大内义隆,偌大的家族顷刻间烟消云散。陶隆房另立了大内氏的家主大内义长,自己改名陶晴贤。目前他只

▲ 大内义隆画像

能压制几个地方，已经无法控制各国的形势，"严岛合战"即将发生。

阴阳一太守

尼子氏是京极氏所派出的云州国守护代，尼子清贞经过数年征战，顶着山名氏统一了出云东部的能义、意宇、岛根三郡，

▲ 毛利氏势力图

并夺得重要战略据点美保关，将居城移到了月山富田。等京极氏换了家督，尼子氏对出云的掌控加强。1470 年，幕府下令将三泽、牛尾、佐世等诸云州国人领主，皆由尼子氏管辖，尼子氏成为新的战国大名。1478 年，尼子清贞退位，尼子经久继承家族之位。

1482 年，幕府找借口下令追讨尼子经久，受尼子清贞压制的国人领主纷纷反叛，尼子经久逃亡。这自然是京极氏的阴谋，他们派来新的守护代，入主月山富田城，因为战费开支巨大，因此征收重税，引发国内不满。1485 年，尼子经久判断时机已到，他说服旧臣山中勘兵卫，得到了钵屋贺麻党的支持，于 1486 年秘密进入城内，引发城中大乱，一举夺回月山富田城。

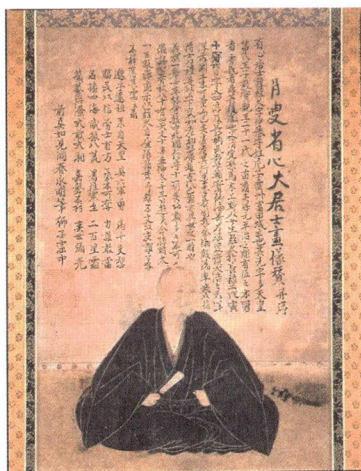
▲ 尼子经久画像

随后，尼子经久先后降服三泽氏、三刀屋等国人领主，准备对外扩张，恰逢京极氏灭亡前托孤，因此于 1504 年正式就任出云守护。1521 年，大内氏与尼子氏在石见大战，而后双方战和。此后尼子经久掌握十一国守护职，人称"阴阳一太守"，势力达到最盛。然而，内乱却忽然发生了，因为听信谗言，尼子父子之间产生嫌隙，1532 年，尼子兴久反叛，被父亲尼

子经久追击，被迫自杀。内乱给尼子氏造成了极坏的影响，尼子兴久的岳父山内直通联合了几个家族降服毛利元就。1536年，尼子军反击平叛，嫡孙尼子诠久表现出众。于是次年，尼子经久把家督之位传给了尼子诠久（后改名晴久）。

尼子晴久勇猛好战，但在就任期间与大内氏发生了几次大战，损失惨重。夹在两大势力中间的毛利氏趁机稳步壮大，即将登上政治舞台。

"百万一心" 毛利元就

毛利氏源出名门，先祖是镰仓幕府时期的兵法家大江广元，其四子大江季光领相模国毛利庄，以地名作为苗字，人称毛利季光。1336年，毛利季光之孙毛利时清成为安艺国吉田庄园地头，也就是小豪族毛利氏的起源。毛利氏西边是大内氏，东边是尼子氏，受两边的辖制，左右逢源，勉强生存。1497年，毛利元就诞生，幼名松寿丸，4岁时，毛利元就的兄长毛利兴元于1497年即位。等他20岁时，毛利兴元去世，毛利元就辅佐自己年仅两岁的侄子毛利幸松丸即位。1517年，受大内氏命令，毛利氏参加了有田合战，讨伐安艺守护武田元繁。

有田合战是毛利元就的人生首战。他突入敌人本阵，杀死武田氏大将熊谷元直与武田元繁。舍身奇袭不是每个人都能做到的，这与日后织田信长在桶狭间杀死今川义元类似，因此史称"西国桶狭间"。毛利元就因此声名鹊起，他在家族中的地位再也不受人怀疑。大永三年（1523年）六月，作为尼子方的附属，毛利元就受令进攻镜山城。毛利元就用计谋策反了守备镜山大将的叔父作为内应，很快取得了胜利。这场战役，毛利元就初次展露了智将的一面。七月，毛利幸松丸病殁，家臣团分为两派，一面受尼子氏在幕后操纵，支持毛利元就的异母兄弟毛利元纲。毛利元就当机立断，稳定了毛

▲ 毛利元就画像

利家族内部，于 1525 年，叛离了策划
此次叛乱的尼子氏，回归大内氏。1535
年，他把长子毛利隆元送到大内家做人
质，获得了大内氏的全力支持。毛利元
就非常重视家族团结，他在筑城时就立
下了石碑"百万一心"，这也成为毛利
氏崛起的最大秘诀。接下来毛利元就通
过郡山、富田合战，趁机攻灭安艺守护

历史拓展

毛利氏居城吉田郡山城的遗址竖立
着一块石碑，上面四个字"百万一心"
是当初筑城时的口号，百字缺少横下那
一撇，万字为简写，真正的读法应该是
"一日一力一心"，团结一心就是当时毛
利氏崛起的秘诀。

武田氏，将势力扩展到安艺国西部。1544 年，毛利元就的三子德寿丸更名小早川
隆景，进入竹田城，并于六年后娶小早川正平之女，正式继承沼田小早川本家。
1546 年，毛利元就让位给刚被放回的长子毛利隆元，自己退居幕后，但实际仍然
是家中的主导。1547 年，次子少辅次郎成为吉川家养子和继承人，改名吉川元春，
正式成为吉川家当主。

毛利元就对家中内部事务非常重视，严格规定了家中的等级秩序，层层辖
制，整顿了家臣团，强化了一元统治，整合了家族力量。然而，不幸的是，1555
年，严岛之战爆发了。

改变历史的奇袭"严岛合战"

严岛合战是一场早有预谋的战斗，事情要从陶晴贤"下克上"弑杀家主大内

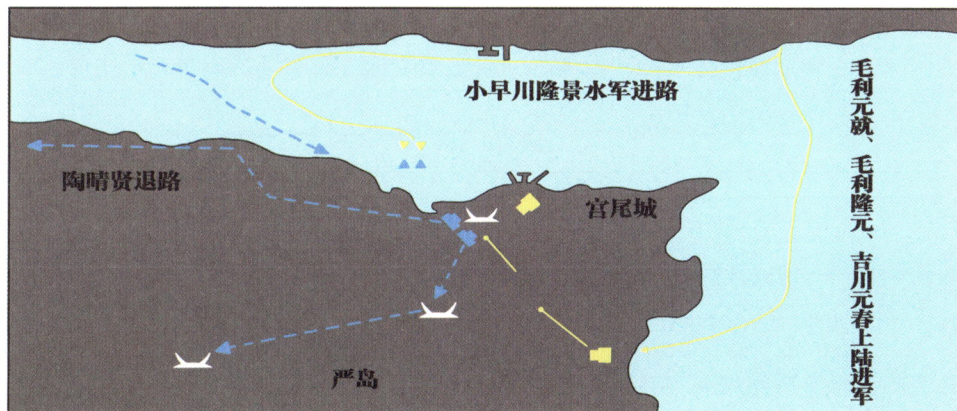
▲ 严岛合战示意图

125

义隆说起，大内氏一夕倾塌，原本就人心浮动的豪族们便不再掩饰，纷纷反叛，陶氏虽然另立了大内义长做家主，终究还是控制不住局势。

毛利元就看到了机会，毛利氏在他的经营下，有"两川体制"成为家族的辅翼，严密的一元统治让毛利家族内部异常团结，毛利认为向外扩张的时机已经成熟。大内氏是他选定的目标，但解决大内氏之前先要让东边的尼子氏无暇插手。他派人散播谣言，说新宫党有反叛之心。新宫党战斗力非常强大，可以说是尼子氏最强的战斗力，然后这

▲ 尼子晴久

些都抵不过尼子氏的疑心。没了新宫党，其他人都不足为虑，毛利元就终于可以放心地继续筹划严岛之战。

他将战场选在严岛，严岛因为有当年平氏所造的严岛神社而得名。由于敌众我寡（陶军 2.5 万人，毛利军 4000 人），正面作战取胜绝无可能。于是他在登岛必经之路建了一座城宫尾，做出防御守城的模样，引陶军主力来攻。为了能让善战多谋的陶晴贤上当，他传令散播宫尾城建造失败，同时还施反间计暗通陶氏，陶氏自恃兵力占有绝对优势，对毛利所营造的假象深信不疑。于是，弘治元年（1555）九月，陶军两万人登岛，登陆后在离宫尾城很近的塔之冈借助神社布下本阵，第二阵选在钟撞堂山和大圣院、十王堂附近，第三阵是陶晴贤的本阵，设在弥山、驹之林的山岳地带。

毛利元就得知陶氏上当，立刻汇合小早川、吉川元春以及安艺诸国领主，共4000 兵力从佐东银山出发。宫尾城激战正酣，但兵力悬殊，坚持不了多久，此时的陶氏并没想到这一切都是假象，毛利的真正目的是进攻陶氏本阵，直接斩首。为了达到这个目的，毛利元就引来外援村上氏，即"冲家水军"，冲家氏水军与陶氏本有积怨，毛利进行游说，得到冲家氏支持。

毛利氏的水军与陶氏差距并不大，也只有对方的一半兵力，战机稍瞬即逝，

毛利元就决定不再等待，不久后让小早川命沼田水军前来参战，又派大将熊谷信直前往增援宫尾城，希望那边能拖住陶氏的主力。而后，冲家水军出现了，在毛利心中胜利已经向他招手，但是，冲家水军只答应"战满一日"，毛利认为一日足矣。不久，毛利元就在包之浦登陆，次日翻越博奕峰，瞄准了塔之冈陶军右侧。毛利军兵分三路，趁天还没亮便侵入陶军。清晨，毛利元就下达突击命令。主力兵马直冲陶氏本阵，小早川与宫尾城守军两面夹击，海面上的冲家水军先以乱箭开道，后以火箭驱敌，再以火药烧毁敌船，最后才是短兵相接。由于猝不及防，陶氏水军乱作一团。到午后时间，陶军终于全面崩溃。万念俱灰之下，年仅三十五岁的陶晴贤于海边自尽。

严岛之战，陶军阵亡四千七百八十余人，是日本史上三大奇袭战之一，也是以少胜多的经典战役。战斗节奏始终被毛利元就牢牢控制，毛利元就也终获一代智将之名。几年后，毛利氏完全占领大内氏领地，大内氏就此灭亡。

延伸思考

毛利氏是如何打败大内氏和尼子氏而成为最终胜利者的？

历史拓展

日本经典家教故事"三矢之训"是指毛利元就曾教育子孙若不团结一致，就会像一支一支的箭被折断，但若三支箭并在一起，就不会那么容易被折断。中国早在这个版本前就有类似的教子故事。不过，"三矢之训"被认为是"毛利两川"制度的起点，即吉川元春继承吉川家，小早川隆景继承小早川家，共同辅佐毛利宗家的安排。

时间轴 1504—1555 年

1504 年	尼子氏正式就任出云守护
1521 年	大内氏与尼子氏双方战和
1524 年	毛利元就就任家督
1535 年	毛利元就送长男入大内为质
1544 年	三子改名小早川隆景，继承小早川本家
1546 年	毛利元就退任，传位长子
1547 年	次子改名吉川元春，成为吉川家当主
1551 年	陶氏隆房流放了大内义隆
1555 年	严岛合战，毛利氏胜利，大内氏灭亡

天下布武织田信长

织田信长，幼名吉法师，出生于尾张国，是日本战国时代的名将。他原本只是尾张的小大名，因在桶狭间之战中大破今川义元大军而名震天下，后扶植幕府将军足利义昭上洛（上京），逐渐控制京都，并逐一击破其他敌对大名，几乎扫平日本。最终织田信长推翻了室町幕府，即将结束战国长达百年的战乱，却在统一前夕遭遇本能寺之变。

命运的嘲弄：桶狭间合战

织田家与今川家早有积怨，战争不断，长期你来我往下，织田家明显落于下风。今川义元便把目光放在了京都，决定拔除尾张氏这颗眼中钉。

骏河大名"东海道第一弓取"今川义元显然占有绝对的优势。他在进攻尾张之前，就已招降了多郡的国人领主，预计从内部瓦解织田氏。到了1560年，织田信长派人包围了投降于今川氏的鸣海城、大高城，得到求救信息的今川义元于五月集结大军，桶狭间合战即将拉开大幕。

▲ "东海道第一弓" 今川义元

当今川军的先锋带着两万大军进入尾张国境时，织田信长还在围攻谋反的鸣海、大高城。面对大军压境的东海巨人今川氏，尾张氏国内投降的呼声越来越响，织田信长虽然不愿意投降，可毕竟实力相差太大了。

而后，今川义元进入三河沓挂城，令先锋分成两路，分别进攻织田军建造的两座寨子——丸根和鹫津。这两处的驻军不过五百名，接下来却要面临几倍的敌人。织田信长召集重臣，投降的呼声依然很高，即使主战一方，也认为必败无疑，不如召回兵力，固守主城，以待时机。织田信长对两方意见不置可

否，但事情已经没有任何转机，织田信长已经下了孤注一掷的决心。

织田信长继续收拢人马，将驻守寨子的兵马全部撤回，集合到自己身边，加上陆续赶来的尾张国内各豪族的部队，织田军聚齐了大约两千多人。有重臣拉住织田信长的马缰，求他罢兵撤军，织田信长不肯放弃，认为可以以逸待劳去袭击今川前锋，他带兵南下，然而两城已然陷落。织田信长此时已无法南下，遂被迫转向东，不过幸运之光真的光顾了他。

今川军的主力在接到胜利的消息后从三河沓挂城赶往大高城，由于尾张多山地，道路狭窄，行军很慢，今川义元弃马乘轿。临近中午时，五千人的队伍来到了田乐狭间，这里有一座海拔五十多米的小山，附近道路崎岖，如桶状，因此又名桶狭间。今川义元驻军桶狭间的消息，被当地豪族梁田政纲密报给了织田信长。

织田信长敏锐地意识到，这是一个稍纵即逝的大好战机。完全没有退路的他，立刻带兵直奔桶狭间。此时他的想法很明确，与今川义元拼死一战。

而对今川义元来说，尾张国太弱小了，从昨日的两城之战来看攻下尾张完全不用费力。这种轻敌的情绪不仅发生在他的身上，就连今

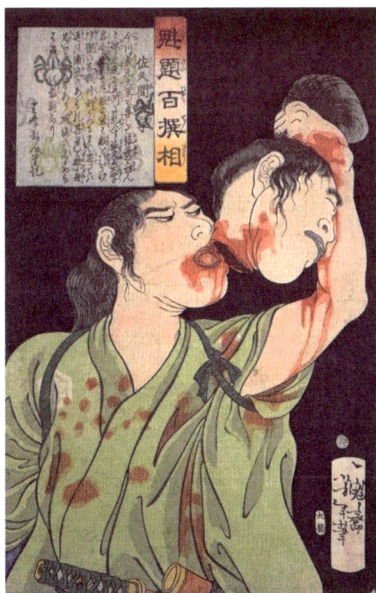

▲ 补桶狭间之战的将领佐久间盛重
（月冈芳年画）

川的士兵们都十分懈怠。今川出身名门，受名师指点，但之前出兵多由师父太原雪斋带军。太原雪斋死后，今川氏内部缺乏将领，这才由他亲自领兵。起初，因为他轻敌再加上缺乏战斗指挥经验，致使其难以做出明智的判断，这也给了织田信长机会。

▲ 桶狭间大合战图

织田信长抄小路到了桶狭间附近，他站在高处望去，看到今川军很多兵将卸除了盔甲，防卫松懈。他心头大喜，下令进攻，这时一场大雨倾盆而至。暴雨让道路泥泞，今川军退却的速度变得更慢。今川义元被追上时身边不到五十人。最终，今川义元战死，织田军获得全面胜利。

这场突袭战被后世传得神乎其神，但织田信长利用天时、地利，以三千破五千，比起其他两场突袭战又逊色很多。但因为太戏剧性，加上织田信长的英雄光环，仍然使这场战役成为战国历史上最有名的战役之一。

"尾张大傻瓜"的织田信长

大名鼎鼎的织田信长最初不过是尾张国的小小领主，谁能料到最后结束战国乱世的也是这位小领主呢？织田信长发迹于尾张国，从地图上看，尾张离京都不远，却又没有陷在战乱不休的畿内，身处粮食产地浓尾平原的南部，同时有临海之便，交通发达，经济富庶。尾张国守护是幕府三管之一的斯波氏，胜幡织田氏是家臣的家臣。直到 1400 年，越前守护斯波义教兼领尾张一国，于是他任命织田常松为尾张守护代。织田常松也得跟着斯波氏留在京都，所以他又把职权委托给了弟弟常竹，就这样，织田家一分为二（岩仓和清洲），尾张也随之一分为二。织田信秀凭借出色的个人能力，很快成为清洲织田氏的实际掌权人。对清洲织田氏来说，外部敌人来自于北面的岩仓织田氏、美浓守护代斋藤氏，以及东面的三河国人松平氏、郡河守护今川氏。经过两次与今川义元为争夺松平氏而起的小豆坂合战，织田信秀彻底失去了控制松平氏的机会，为了抵抗今川氏的强大威胁，他不得不以次子织田信长与美浓守护代斋藤氏联姻。虽然织田信长年少，被人称为傻瓜，但其父却对他的才能深信不疑。1551年，织田信秀去世，一门总领之位传到了织田信长手中。

此后，织田信长得到了岳父美浓斋藤氏的大力支持，开启了征服尾张国之路。1555年，他轻松攻克清洲，将主城迁移至此，不料一直支持他的斋藤氏忽然发生内乱。斋藤道三之子讨伐其父，导致斋藤道三战败自杀，新任家主斋藤义龙与赶来救援的织田信长在此结下仇怨。一直对家主之位虎视眈眈的织田信行认为机会来了，于当年八月，公然举起反旗。不出意外，反对势力被织田信长一扫而光，并将投降的家臣收归旗下。织田信行不甘心，联合上四郡再度谋反，织田信长不得不面对兄弟相残，先后杀死了亲弟织田信行，打败庶兄织田信广，才稳定了手里的四郡。1558年，织田信长对岩仓用兵，次年，岩仓投降。

利用七年的时间，曾经被称为"尾张大傻瓜"的织田信长，基本统一了尾张国。原本接下来，他盯上的是美浓国的斋藤义龙，不料今川义元先采取了行动。在这样的背景下，桶狭间合战的战果震动了天下人。今川军全面崩溃，织田信长不但收复了被攻克的大高城，还顺势杀入三河国，占领了沓挂等城。在织田信长的虎威下，几乎所有豪族望风而逃，今川氏遭遇灭顶之灾。

今川氏后人无力复仇，织田与当初的三河国松平胶着不下。织田信长一心想着北方斋藤氏，不愿再做纠缠，于是在永禄四年（1561年）二月与松平元康达成停战合约，并且结成同盟，史上称为"清洲会盟"，保证了织田信长征战天下时东境的安稳。与此同时，五月，美浓守护代、织田信长的眼中钉斋藤义龙突然去世，这意味着织田信长可以放心大胆地进攻北地。此时的美浓氏正陷于内乱之中，这让织田信长抓住时机，于永禄十年（1567年）八月，领兵至稻叶山

▲ 织田信长画像

城下，围城近一个月后，斋藤龙兴不得
不开城投降，这距离斋藤道三战死正好
十一年，美浓国被织田信长控制。

织田信长把主城迁到稻叶山城，改
名"岐阜"，此时的他已经成为足以与
北条、武田、毛利等相媲美的大名，威
震一方。

此时的织田信长苦于没有大义名

分，但一封书信解决了他的问题。这封信是由刚刚回乡的美浓豪族明智光秀送来
的。这是一封来自幕府将军足利义辉之弟足利义昭的信，信中提出了让织田信长
协助其回到京都，成为新的征夷大将军。织田信长大喜过望下于次年七月，与足
利义昭会晤，达成协议。之后，织田信长迅速整备大军，联合近江的浅井氏，将
其他势力一一击破，顺利进入京都。九月，足利义昭继任第十五代，也是最后一
任室町幕府将军。从狭义概念上说，战国时代到此终结。

"人质"小孩竹千代

织田氏与今川氏为争夺三河国发生的两次"小豆坂合战"还有一个令人意想
不到的结果，那就是今川氏向松平氏提出的人质要求。他要求当时的松平广忠将
六岁的幼子竹千代送到骏河做人质，没想到这个人质还没送到就被织田家给劫走
了。于是竹千代先做了两年织田家的人质，后来又被交换到今川家，还被今川家
的军师著名的太原雪斋收为弟子，这就是松平元康。松平元康在 1560 年跟随今
川义元与织田信长决战，今川义元败死，松平元康逃回冈崎（松平氏主城），趁
着今川将领弃城而逃，接管了冈崎城和松平旧领。

1561 年，他与织田信长结成同盟，为了表明与今川氏的决裂，他放弃了当
年被今川义元赐下的"元"字，改名为德川家康。既然今川义元已经去世，甲骏
相三国同盟已无法维持，德川家康与武田信玄一拍即合，双方夹攻今川氏，武田
信玄得骏河，德川家康得远江。

足利义昭"选中"织田信长

畿内在"应仁之乱"后，局面更加混乱。管领细川氏奉足利义晴为第十二代将军，后来幕府大权旁落，被其家臣三好长庆谋夺，当时的天皇是足利义藤（即足利义辉），他任命三好长庆为"相伴众"，待遇等同于三管四职，然而盛极而衰，先是左膀右臂两个兄弟先后去世，接着嫡子又被毒死，三好长庆被架空，家宰松永久秀控制了三好家的实权，而且自诩为幕府执权。1564年，幕府将军足利义辉暗中联络大名，攻击三好氏，结果被攻入室町御所，绝望自焚。

足利义辉从小出家的弟弟足利义昭号召各地大名，要求他们协助自己，谁打败三好氏，谁就任室町幕府将军。而此时因桶狭间之战出名的信长在这种情况下脱颖而出。1568年，足利义昭与织田信长会面，织田信长亲率大军，前往京都，途经近江南部，其守护六角氏与京都的三好氏、松永氏素来交好。因此，织田信长定计拉拢江北的浅井氏，武力攻取六角氏的观音寺城，杀一儆百。九月，织田信长与浅井的联军势如破竹，观音寺城被击破，六角氏逃往南部的伊贺。

织田信长继续向西，进入京都所在山城国，三好氏不敢抵抗，逃离京都，织田信长得以顺利地拥立足利义昭为新的幕府将军。足利义昭希望得到织田信长的辅佐，但织田信长没答应，离开京都，返回岐阜城。而他前脚刚走，三好氏便卷土重来，包围了足利义昭，织田信长只好返回救援，暂时解决了畿内危机。尾张西部是伊势国，国内掌权的是"三国司"即北畠氏、一条氏和姊小路氏。织田信长在前往京都之前，已经收拢了伊势国北部的部分力量，所以当他稳定了京都，转而便盯上了伊势国。双方势力悬殊，再加上伊势国内部并不团结，于1569年，织田信长继美浓之后又将伊势国收入囊中。

▲ 足利义昭

越前讨伐：姊川合战

元龟元年（1570 年）正月，织田信长以足利义昭的名义写信给二十一家大名，要求他们来京都觐见朝廷和新将军。越前守护朝仓义景对此置之不理，织田信长便以此为借口，于当年四月，汇合德川家，借盟友浅井氏的领地进攻越前。朝仓义景节节败退，正当织田信长赶到金城时忽然收到信报，原来是后方浅井家出了变故。织田信长的盟友浅井长政无法控制家内局势，不得不与朝仓家联合，准备夹击织田信长。幸而织田信长及早得到消息，大军从西江折返，顺利回到京都，史称"金崎退兵"。

此后，局势开始变得紧张起来。三好氏又开始蠢蠢欲动，朝仓、浅井联军分道南下，流亡伊贺的六角氏开始煽动国人一揆。五月，织田信长潜回本城岐阜，途中竟然遭遇刺客。等他回到岐阜后，整备美浓、尾张、伊势三国大军，又汇合德川家康的兵马，杀回近江。大

> **历史拓展** ●
>
> 战国时期，大名们喜欢建造城堡作为家族的常驻地。例如相模的小田原城、安艺的吉田郡山城、织田信长的安土城、丰臣秀吉的大坂城等。这些城堡外毫无防护的"城下町"规模特别像现代城市。

军一路碾压，最后推进到浅井氏本城附近。浅井拒不出战，并向朝仓求救。织田信长南下，开始攻击小谷与重镇佐和山城之间的横山城。六月，织田信长包围横山城，不久，越前的援军也赶到了小谷城北方，双方在姊川发生战斗，史称"姊川合战"。这次战役的结果可以说胜负难断，但两相比较，最后织田信长全力攻打横山城，最终迫使其投降。打下横山城后，下一个目标就是浅井重镇佐和山城。

织田信长 VS 石山本愿寺

当年八月，织田信长再次发兵，这一次他要讨伐的是暗中支持三好氏的本愿寺、浅井和朝仓。他首先找借口要求本愿寺法主显如上人表态，遭到拒绝。织田信长大怒，九月，他以大铁砲（大口径火枪）轰击石山本愿寺，本愿寺同样以三千支铁砲反击，令人没想到的是这场石山合战竟然持续了 11 年。织田信长在短期内受挫后，收兵回京都，在第二次发兵时由于对方把军队驻扎在比叡山，使

得日本宗教界地位更高的比叡山被牵涉进来，与本愿寺一样的延历寺也对织田信长表示了拒绝，织田信长愤怒之下扬言要把根本中堂在内的三王二十一社等所有庙宇，一把火烧为灰烬。僵持之下，织田信长没有办法，只好让将军足利义昭下令各方退兵和谈。

1571 年，织田信长终于打下了浅井氏的佐和山城，顺势控制了进出比叡山附近的重要道路。在他看来，这正是给不听话的佛教宗派施以威慑的最佳机会，即便他的家臣纷纷反对，织田信长还是下令封锁道路，纵火

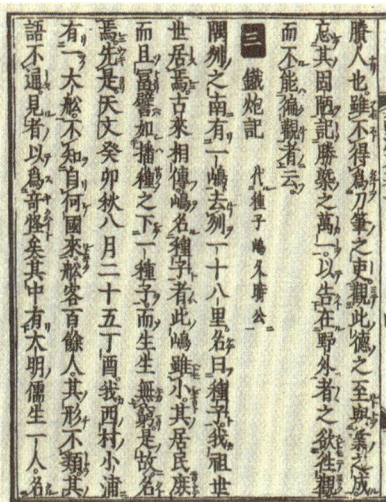

▲ 铁炮传入日本的文字记载

烧山，正如当年他所说，根本中堂以下山王二十一社全被焚毁。但让人愤怒的是包括僧侣、信徒在内的约三四千人，不分男女老幼，均惨遭屠杀。

织田信长在征伐天下的过程中，为了获得南蛮火器和物资，接受了天主教教义，这或许是他与佛教宗派为敌的原因之一。因为这场暴行，织田信长被称为"第六魔王""佛敌"。自从 1570 年，织田信长与石山本愿寺开战，本愿寺的显如上人号召天下信徒抵制信长暴政。宗教的力量首次显露，寺院作为一股特殊的势力和割据的大名并没有什么不同。织田信长想要完善一元统治，对佛教寺院下手是必然的选择。十一月，伊势长岛爆发了大规模的一向一揆，织田信长分别于天正元年（1573 年）九月和次年七月讨伐伊势长岛，期间暴行无数，为其后来的结局埋下了隐患。

武田信玄 VS 德川家康

当织田信长扶持了足利义昭，在畿内与三好、浅井、朝仓、石山本愿寺纠缠酣战时，日本东部的甲斐守护武田信玄在 1568 年撕毁了甲、骏、相三国盟约，攻入骏河国。他与德川家康相约，夹攻今川氏，武田得骏河，德川得远江。今川氏遭到攻击无法抗衡，亡国出奔。永禄十一年（1568 年）十二月，武田信玄吞并骏河国，德川家康吞并远江，并将主城迁到远江引马，改名为滨松城。双方都

达到了各自的目的，然而一封来自京都的信打破了短暂的和平。

这是一封来自将军足利义昭号召众人讨伐织田信长的密信，武田信玄当机立断，选择与后北条氏和睦相处，转身背弃了与德川氏的盟约，在 1572 年杀入远江。德川家康面对将近三万的武田大军，不得不派人向织田信长求救。织田信长此时正在进攻浅井长政，与其援军朝仓军严阵对峙，他只能派出三千人赶往远江。十二月，武田军与德川军在三方原台地不期而遇，两军交接，德川军大败，这也是德川家康一生中最大的一次败仗，损失惨重，战后其孤身逃回滨松。

令人嗟叹的是，武田信玄壮志未酬，在天正元年（1573 年）四月回归甲斐的途中病逝，享年 53 岁。传闻他死前留有遗训：三年息兵，秘不发丧。而此时的将军足利义昭还在期盼武田信玄的归来，可是等来的却是织田信长毫不留情的镇压。七月，对足利义昭的反复的态度已经完全失去耐心的织田信长流放了他，并将其两岁的儿子捉来作为人质。足利义昭的下台，标志着室町幕府的灭亡，历史迈入了织田信长时代。

织田信长在流放足利义昭后，打败了长久与他作对的朝仓、浅井，近江一国也被平定。

甲斐武田氏的绝响：长筱合战

长筱之战一方是织田与德川的联军，另一方是武田信玄的继承人武田胜赖。在这场战争中，武田胜赖面对的是武田氏族内骄横的老将。明知自身威望不足以服众，他急于需要一场战争来证明自己，于是整合家族内部的力量，屡屡东进，寻找与织田、德川交战的机会。这场长筱合战双方特点鲜明，被认为是火枪对骑兵的胜利。

战争起源于天正三年（1575 年）四月，武田胜赖发兵三河，完成武田信玄上洛的遗志，长筱城被围困，德川家康向织田信长求救。双方在设乐原摆开阵势，为了对付天下闻名的武田骑兵，织田信长修建了数道防马栅。五月，武田军利用骑兵优势，分三部分别进攻织田军，织田军以三千铁砲（火枪）相迎，双方前后进退反复拉锯，无往不胜的武田军在连射的铁砲面前屡屡铩羽而归，多名武田大将中弹而亡。与此同时，武田胜赖却视若无睹，并下达了第四次主动进攻的命令。三个多小时的进攻后，武田军突破了两道防马栅，然而此时却传来鸢之巢山被奇袭攻陷，后路被断的消息，士气因此崩溃，名将山县昌景中弹而亡。

织田信长抓住机会，反守为攻，德川军前后夹击，武田信玄呕心沥血培养的家臣团在这一战中死伤殆尽，甲斐武田氏从此走向没落。击败武田胜赖后，织田信长发兵越前国，朝仓旧臣纷纷响应，顺利收服越前，并将越前领地分封给重臣柴田胜家等人，全权委托北陆军事事宜。这也是织田氏第一个军团即"北陆军团"组建的开端。后来织田氏以此为基础建立了完整的诸侯管理体制。

天正四年（1576年）正月，织田信长下令在近江国安土山上

▲ 安土城示意图

历史拓展

日本人称火枪为"铁砲"，这种新式武器是战国时代由葡萄牙人传入的。战国群雄中，第一个将铁砲大规模运用到实战中的，乃是甲斐的武田信玄。然而，之后靠着铁砲群发威力打赢一场场战役，并名垂青史的，却是织田信长。

修筑自己的主城，这座宏伟的安土城于1579年完工，可以说是织田氏政权的标志，也是"安土时代"得名的由来。在接下来的时间里，织田信长继续讨伐本愿寺，却没想到迎来了新的敌人，即足利义昭请来的毛利氏。毛利水军给被围困的本愿寺送来了补给，并轻轻松松地消灭了织田水军。

毛利氏的变化与尼子氏的反复

毛利氏在消灭大内家后，势不可当，吞并了周防、长门两国，正当要继续与尼子氏相争时，1560年正亲町天皇即位，毛利氏献上一大笔继位费，获得了天

▲ 鹿之介

皇赐予的新官位。毛利元就被封为陆奥守，长子毛利隆元被封为大膳大夫，次子毛利元春被封为骏河守。同一年，幕府将军足利义辉又赐毛利隆元安艺守护一职，尼子晴久却在这时去世，尼子氏换了家督。

毛利在接下来的几年里，首先与西边的大友氏联姻，稳定了西线，然后把兵力集中向东，连连攻下白鹿、江尾等重镇，直到兵临尼子氏主城月山富田。永禄九年（1566 年）十一月，尼子义久兄弟投降，被称为豪强的尼子氏就此灭亡。此时毛利氏的当代家督毛利隆元忽然病逝，毛利元就扶毛利隆元的儿子毛利辉元上位，成为新的一门总领。

江山代有才人出，毛利氏放缓了扩张的步伐，尼子氏则在重臣的扶持下一度复兴，在这其中起关键作用的是山中幸盛，通称鹿之介。当毛利兵临月山富田时，他才 21 岁，能征善战，勇武彪悍，然而以一名大将之力仍无法拯救日渐衰弱的尼子氏。月山富田陷落后，鹿之介出家当了和尚，但一直没有放弃复兴家族的希望。1569 年，他召集尼子氏旧臣，重新举起了尼子氏的旗帜，一个月后，竟然收服了月山富田城。不过好景不长，元龟元年（1570 年）二月，吉田元春大兵压境，鹿之介势单力孤，只能出降。不过这场短暂的复兴让织田信长看到了他的才能，接纳了逃到近畿山中的鹿之介，并给他兵马，让他有东山再起的机会。

此时的毛利氏沉浸在悲痛之中，元龟二年（1571 年）六月，毛利元就病逝，享年 75 岁。此后毛利氏由毛利辉元统领，毛利辉元的两个叔父吉川元春与小早川隆景为两翼，缓步向东扩张，直到与织田信长短兵相接。

石山战争的终结：天下无敌

与本愿寺的战争极大地牵扯着织田信长的精力，但他并没有因此变得急躁，反而在毛利氏重创其水军后做了更充分的准备。首先他准备从内部分化本愿寺，他的切入点是杂贺的忍者。杂贺是日本三大铁砲产地之一，本地聚集着很多著名的忍者武装集团。杂贺与石山本愿寺常年来往频繁，织田信长被阻可以说杂贺的铁砲起了很大作用。1577年二月，织田信长发兵杂贺，这时杂贺的根来寺暗中联系他，愿为内应。于是，经过月余的激战，诸杂贺首领投降，愿臣服于织田信长。

▲ 松永久秀画像

其次，织田信长在第一次海战失败后下令志摩国豪族九鬼氏建造六艘巨大的新式铁甲船。这六艘战船体型巨大，外包铁皮，内置三门火炮、数十支火枪，停泊在堺港。天正六年（1578年）十一月，毛利水军再次向本愿寺运送补给，六百多艘大小舰船来到木津川口，九鬼氏以铁甲船迎战。海战经验丰富的九鬼氏不让大船与毛利船队靠近，只是以火炮、火枪攻击，毛利水军虽然擅海战，但距离不够，又无法对铁甲船造成伤害。这一战下来，纵横濑户内海数十年的毛利水军几乎全军覆灭。这种巨大的反差给本愿寺造成了巨大的威慑，又坚持了两年后，于天正八年（1580年）四月，本愿寺显如上人终于认输，签下誓书，宣布放弃石山、加贺，迁往他处传教。

石山战争结束后，织田信长再无敌手，唯一有威胁的上杉谦信也已去世，没了上杉谦信的上杉家已不具备威胁，织田政权在北部已无大患。然而，织田信长在常年征战中所积累的问题在这时开始逐一爆发。

织田信长的危机：敌在本能寺

出身小诸侯的织田信长能够在战国争霸中取胜，除了尾张本身的地理位置和政治经济优势外，还与他的性格分不开。织田信长藐视权威，敢于创新，同时对内非常严苛，对百姓以严峻的法令管制，对家臣也同样毫不留情。在他征战天下的后期，不断地有重臣谋反，第一个反对织田信长的是松永久秀。1577 年，松永久秀得到上杉谦信要上洛的消息，立刻从石山本愿寺外撤兵，退回自己的居城，织田信长派兵讨伐，松永久秀自杀而亡。第二个公然反叛织田信长的是摄津守护荒木村重。1578 年，荒木村重担心曾向本愿寺贩卖军粮的事被织田信长所知。他了解织田信长的残暴，索性反叛。之后，他一直在逃亡，直到织田信长死后才敢再次露面。

1581 年，正亲町天皇遣使面见织田信长，希望他能担任左大臣，却被拒绝，反而提出若换个天皇，他就愿意担任官职，进行辅佐，并且意图扶持足利义昭之子作为新的幕府将军，重新分割朝廷的势力。这种藐视权威的挑衅行为，将织田信长推到一个与天下为敌的位置上，但他并不自知。他在安土城建了"总见寺"，在里面放了一块石头，让百姓们去膜拜，众人心知肚明，这座"总见寺"里有且只有一个神，那就是织田信长本人。

一直臣服和配合织田信长的德川家康没想到祸事也会发生在自己身上。他的夫人（今川义元的养女筑山夫人）与他儿子信康的正妻（织田信长的二女德姬）关系恶劣，信康与德姬也并不和睦，于是德姬趁机在织田信长面前进谗言。织田信长草草调查后，直接写信给德川家康，要求赐死其妻其子。德川家康不敢违逆信长的命令，明知长子和夫人蒙冤，却不得不遵从命令杀了二人。

▲ 本能寺之变

本愿寺战争结束后，织田家的宿老——佐久间信盛父子，忽然被无故放逐，这让织田家臣们人人自危。明面上，大将柴田胜家与羽柴秀吉水火不容，暗地里，织田信长的几个儿子也起了纷争。

1582 年，织田信长接到了武田氏重臣送来的人质，表示愿意为织田信长踏平甲斐作为内应。于是他发动了最后一次大规模远征，短短一个月的时间，名门武田氏就此灭亡，天下即将平定。羽柴秀吉领命攻击中国地区，毛利氏当主亲率大军增援高松城，羽柴秀吉一面包围高松城，一面向织田信长送信。毛利氏家臣清水宗治全面抵抗，不肯投降，羽柴秀吉利用高松城地形低洼的特点而引来河水淹城。眼看援军迟迟不到，清水宗治以赦免全城将士为条件而当众切腹，此战落下句号，而一场改变历史的巨变即将发生。

织田信长认为这是消灭毛利主力的好机会，于是带着小股队伍准备先上洛回复天皇之后再率军出征，没想到世事变幻莫测。当年六月，宿在本能寺的织田信长被部下明智光秀包围，几乎统一日本的织田信长于胜利的前夕落得切腹自尽，丧身火海的下场。明智光秀在本能寺谋害织田信长，继而逼死了织田信长的长子织田信忠，就在他想要重开幕府，就任征夷大将军时，遭到了织田氏旧臣的纷纷反对。羽柴秀吉不动声色地与毛利氏火速达成议和，杀入畿内，在富田聚集三万兵力。经过一夜的激战，明智光秀不敌败走。距本能寺之变不久后，明智光秀以切腹自尽的方式结束了自己的生命。

延伸思考 毛利氏是如何打败大内氏和尼子氏成为最终胜利者的？

时间轴 1559—1582 年

- 1559 年 织田信长统一尾张国
- 1560 年 织田信长在桶狭间合战时打败今川氏
- 1567 年 织田信长占领美浓国
- 1568 年 织田信长扶植足利义昭
- 1569 年 织田信长占领伊势国
- 1570 年 织田信长打败越前国
- 1572 年 德川氏、织田氏、武田氏三方合战，武田氏取胜
- 1579 年 织田信长的安土城建城
- 1580 年 石山战争结束本愿寺投降
- 1582 年 本能寺之变，织田信长切腹自杀

太阁"丰臣秀吉"

　　丰臣秀吉、织田信长和德川家康并称战国三杰，丰臣秀吉继承了织田信长的事业，继室町幕府统一日本。在 1590—1598 年，他是日本的实际统治者，担任关白，后担任太政大臣，获赐氏姓丰臣，被称为"太阁"。

桃山时代：贱之岳合战

　　织田信长的意外身死给他的后人们留下了庞大的政治遗产，重臣们纷纷从各地赶来，就新家督的人选和重臣领地的安排问题，在尾张清洲召开了特别会议。这次会议最重要的人有五方，除了羽柴秀吉外，分别是：柴田胜家，他是侍奉过织田信秀的老臣，也是一员猛将；丹羽长秀，也是家老的一员，一直担任织田信长的侍卫，后来被提拔为大将；泷川久助一益，出身忍者世家，很早在织田帐下效命，屡建战功；池田恒兴，是织田信长的奶兄弟（其母为织田信长的乳母），刚刚在织田军中露头。

　　织田信长的二子织田信孝作为总领击败明智光秀，所以柴田胜家提出拥立织田信孝为主，羽柴秀吉反对，但他并没有拥立三子织田信雄，而是提出应该拥立长子织田信忠之子，年幼的三法师为一门总领，理由是织田信雄和织田信孝在织

▲ 贱之岳合战

田信长健在时已经出继，当然没有继承权，而织田信忠原本就是总领，继承权自然应该归属他的儿子，所谓父死子继。这种说法得到了丹羽长秀和池田恒兴的支持。

羽柴秀吉和柴田信胜经常在织田信长军中争锋，现在二人又成为争夺织田遗产的对手。1583 年初，羽柴秀吉发兵进攻柴田胜丰，不战而胜，柴田胜丰直接投降。柴田胜丰是柴田信胜的养子，由于柴田信胜过于偏爱外甥佐久间盛政，早已引发柴田胜丰的不满。紫田胜家闻讯后集结兵力约两万，在内中尾山立下本阵。不久后，羽紫秀吉带兵赶到，双

方对峙月余，四月，羽紫秀吉伪装将主力调离攻打织田信孝，佐久间盛政上当，不遵柴田胜家之令，从侧面进攻羽紫秀吉前阵。他的擅自行动让柴田胜家变得被动，一路败退，而原本的织田家将领也纷纷退却，引发全面崩溃，这就是"贱之岳合战"。

这一战为羽紫秀吉扫平了上位的最后障碍，历史迈入了丰臣（羽柴）秀吉的桃山时代，并以此成为织田信长真正的事业继承人。

修建一座大阪城：丰臣政权

羽柴秀吉战胜柴田胜家，逼死织田信孝，重新分封诸将领地，让一旁观望的织田信雄大为不满，于是他开始联合德川家康。德川家康在织田信长死后，行动迅速，甲斐、信浓被他一并吞下，他还收编了很多武田氏残党，原本蛰伏多年的德川家康以为这次是自己的机会，没想到羽柴秀吉快刀斩乱麻，收纳了织田家所有的领地。

1584 年，德川家康与羽柴秀吉在小牧长久手（地名）僵持不下，羽柴秀吉年轻气盛，决定主动出击，结果兵败逃走，后来他威逼利诱织田信雄签下和平文书。德川家康由此失去了大义名分，只好退兵。羽柴秀吉出身寒微，没有谱代家臣，手下亲信一半是当年织田信长派给他的人，一半是清洲会议后收服的同僚，

在基本稳定了畿内局势后，他发现自己需要一个大义名分来慑服天下。这对于其他大名都不是难事，可对于羽柴秀吉来说，却很难攀上名门。

从镰仓幕府以来，历代幕府将军均出自源、平二氏，因此普遍认为只有源、平两家才有资格担任武家领袖。朝廷公卿眼看天下太平，战乱就要结束，自然不想再沦落到之前的窘境中，于是藤原家首先认可了羽柴秀吉。天正十三年（1585年）七月，正亲町天皇下诏，藤原

▲ 大阪城天守阁（现代修复）

（羽柴）秀吉就任关白一职。藤原秀吉在石山本愿寺附近给自己修筑了一座主城，其规模不逊于安土城，更名为大阪城。他将搜集来的各种宝物放在大阪城，并将里面的建筑装饰得华丽无比，以此来彰显自己的地位。天正十四年（1586年）十二月，正亲町天皇任命秀吉为太政大臣，并赐新姓"丰臣"。臣、连是古代氏姓制度中最尊贵的氏姓，丰是丰茂繁盛，从此，藤原秀吉正式改名为丰臣秀吉。

之后，丰臣秀吉相继收复了四国、越中，平定"九户政实之乱"，基本上结束了长期混乱的战国时代，凭借着强大的军事实力，建立了一个表面上统一的政权。他把一部分土地划为直辖领地，其他则作为封地赐给各大名。仅以产出来看，丰臣自己的领地并不占优势，但他同时占有商业最发达的京都、大阪、各贸易港，还有金银矿，所以他的经济实力远胜其他大名。其他方面继承和发展了织田信长时期的相关政策。织田信长一贯重视商业的发展，为了便于商人自由通行，贸易往来，他下令撤销其势力范围内的关卡，丰臣秀吉延续了这一政策，下令废除全国的关卡，以促进商业繁荣。

织田时期实行"乐市乐座"制度，即在规定场所，任何人都可以进行经营，只需向领主缴税，而不必经过当地行会同意，这是专门针对城下町商业行会垄断情况做出的规定。他曾铸造了统一的货币通行于领地内。丰臣统一日本后则对里

程单位、度量衡、货币都做了统一规定，并且整顿海陆交通，特别颁布《海贼取缔令》授予商人幕府特许证作为保护，并以此来保护海外贸易，其中一些规定沿用至今。

"兵农分离"是织丰时期一贯坚持实施的，即把由武士组成的军队常备化，农民只管种地，禁止争斗。为此在统一日本的过程中，一直实施"刀狩"，没收农民的武器，这也是防止农民暴动的措施之一。1588 年，丰臣秀吉借口铸造大佛，正式下发了"刀狩令"，将这一政策面向全国推广，没收民间的长刀、腰刀、弓箭、长枪、步枪及其他武器。"检地"政策是织丰政权所坚持的另一项国策，史称"太阁检地"。意为通过对全国土地面积重新丈量，把耕地和房产所有者登记在册，确定土地耕种的人和每年上贡的人，通过这种政策，对庄园制的支配关系进行了清算，实质上加强了对农民的剥削和控制。丰臣秀吉还颁布了《身份统治令》，规定除了农兵分立，农商也要分离，武士、町人、农民的身份不允许越界。另外禁止农民流动，而武士则必须跟随主君，住在城下町。

在宗教问题上，对天主教的态度也是织丰政权的一个特点。织田信长曾经利用天主教对抗一向宗农民起义，丰臣秀吉也延续了对天主教的保护政策，但是在 1587 年，他看到了外国教士对大名

▲ 丰臣秀吉画像

的影响以及长崎成为教会领地时，产生了危机感。一向宗的表现给了他不好的联想，于是他开始禁止天主教传教，并驱逐外国教士，但仍然承认对天主教的信仰，允许葡萄牙人通商。之后他觉察到西方国家利用宗教想侵略日本，曾处死过传教士和信徒，开启了日本镇压天主教的开端。

丰臣秀吉在政权组织上采用了"五奉行"制，由五名亲信来分别掌管行政、财政、司法等工作。这种制度显然存在着巨大的缺陷，但这种缺陷从丰臣秀吉的整个政权上看却并不突兀。丰臣秀吉没有得到征夷大将军的地位，也没有开辟属于自己的幕府，他更像是诸侯们的军事首领，其政权也只是一个临时的军事性质的政权。

远征朝鲜：文禄之役

作为丰臣政权的最高决策机构"五大老"指的是德川家康、前田利家、宇喜多秀家、毛利辉元和小早川隆景（隆景死后，由上杉景胜继任）。他们都是拥有一国甚至数国领地的强横大名，后来又设置了"五奉行"即浅野长政、石田三成、前田玄以、长束正家和增田长盛以及"三中老"即堀尾吉晴、生驹亲正和中村一氏，由他们处理具体事务，这些都是丰臣秀吉的亲信。但这一系列政策都不足以解除丰臣政权的内忧外患。其所面临的局面是以外交手段压服的大名们实力都还在，德川家康是他的心腹之患，偏偏丰臣秀吉自己子嗣不丰，人丁单薄，唯一的儿子也夭折了。这时的丰臣秀吉 56 岁，外人无法揣度他的心情，总之他在独子死后一个月，悍然下令发动对外侵略战争。

数年战火刚刚平息，大名和贵族们都认为太平日子就在眼前，结果丰臣秀吉却做出了这样的命令，当然也有大批的诸侯和武士支持他发动战争，因为只有战争才能带来功勋、领地和财富。

文禄元年（1592 年）正月，丰臣秀吉开始组织侵朝远征军，在北九州的名护屋集结渡海。这场战争被称为"文禄之役"，在中国和朝鲜的史书上则被称为"壬辰倭乱"。四月，日本以千艘战船载十五万名陆军驶向朝鲜半岛。日本西北部的对马岛距离朝鲜东南的巨济岛直线距离不到七十公里。而后，日军以

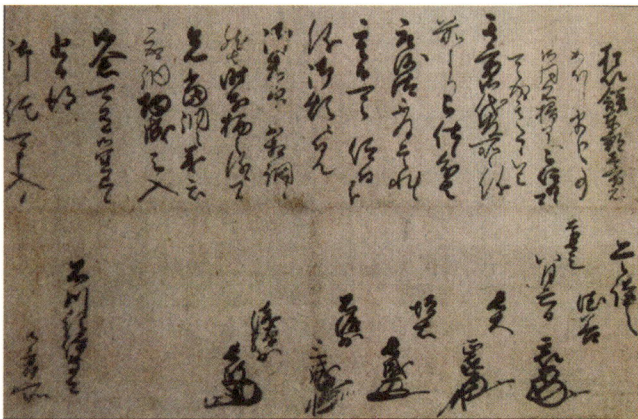

▲ 丰臣秀吉五奉行联名书状

小西行长带领的第一军登陆巨济岛北面的釜山港，朝鲜军毫无防备，刚一接触就全面崩溃，釜山失陷。

此时的朝鲜李氏王朝因长期没有经历过战争，军备荒废，虽然之前曾接到过日本所谓的"战书通牒"，但在朝鲜君臣的印象中，日本只是那个偶然会生出小股倭寇抢掠一番的弹丸小国，他们显然从没想过会有十几万大军渡海而来，侵略国土。

历史拓展

丰臣秀吉在得到侵朝捷报后，狂妄地制定了继续进攻的计划，他打算先彻底吞并朝鲜，以朝鲜为跳板进攻明朝，然后把天皇迁到北京，以周围十国之地作为御用，让自己的养子丰臣秀次担任中国关白，封给百国。等到真能攻灭明朝，统治中国，秀吉还打算继续进军天竺（印度）和南蛮！

加藤清正带领第二军踏上朝鲜半岛，梁山、东莱便失守。日军势如破竹，一路毫无阻碍，朝鲜国王李昖惊惶失措，弃城而逃，朝鲜将军申昱受命整兵抵抗，可兵力悬殊，全军覆没。日军攻陷朝鲜京城（首尔）后分兵两路，第一军北上占领了平壤，第二军转向东北，一直杀到鸭绿江。

此时的中国正是大明万历年间，如同朝鲜一般，虽然沿海屡受倭寇侵扰，但面对日本到底是一个怎样的国家，关白丰臣秀吉到底是什么地位，国主是谁等问题一无所知，对日军的战斗力更是做出了错误判断。朝议之后，明朝派辽东游击史儒率骑兵两千出征朝鲜，副总兵祖承训率骑兵三千随后跟进，显然没人考虑过朝鲜多山地，派去的骑兵如何在山地应战的问题。所以，这支援军几乎全军覆没。明朝举朝震动之后，为此派出了第二支援军。

朝鲜被日本全面入侵后，人民奋起抵抗，这时朝鲜水军中的一名将领全罗道左水使李舜臣挺身而出，成为反击日军的中坚力量。他用兵灵活，几乎使日军的海上运输线陷于瘫痪。五月在泗川，他对阵日本水军先锋龟井兹矩，使之大败而逃。六月在唐浦，双方再次相遇，龟井兹矩的21艘军舰被全部击败。七月在闲山岛，李舜臣再获大胜，击沉日舰73艘。

由于李舜臣的不断侵扰，日军的海上运输线中断，丰臣秀吉不得不下令暂停渡海，而此时已经进入朝鲜内陆的两支日军没了补给，很快便陷入被动，遭到朝鲜反抗军不断地打击。加藤清正、细川忠兴等人狼狈之下越加愤怒，他们认为是石田三成在丰臣秀吉面前进了谗言，文武之间在无形中矛盾加深。七月之后的日军已无力再征服朝鲜，这时明朝主和派招募的精通日语的浙江商人沈惟敬作为议和使者来到朝鲜。双方约定，以大同江为界，以东归于日本，以西归于朝鲜，这相当于朝鲜领土八道中七道拱手相让于日本。这个协议还没有报上去，明军第二支援军便到了。

第二支援军由明朝兵部右侍郎宋应昌为经略备倭军务，刚刚平定宁夏叛乱的大将李如松为防海御倭总兵官，其弟李如柏、李如梅为副总兵官，率

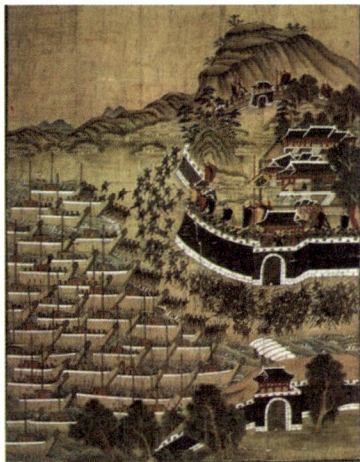

▲ 日军登陆朝鲜釜山

四万大军来到朝鲜。李氏兄弟出身将门，善于指挥骑兵平原作战，宋应昌多次写信给李如松，介绍江浙等地与倭寇步战所获得的经验，但李如松刚愎自用根本没有听进去，他一心驱逐倭军，还把议和的沈惟敬扣留在军中。

1593 年，李如松率军杀到平壤城下，平壤城由小西行长的第一军驻守，缺乏补给，又被义军侵扰，此时已疲惫不堪。明朝军队中配有虎蹲炮、佛朗机等重型武器，日本虽然从战国时期便开始使用铁砲，但毕竟造价昂贵，大筒（大炮）更是非寻常

▲ 李舜臣肖像

诸侯所能购买得起，一时间炮声震天，日军顿时士气低落。兵部侍郎宋应昌建议攻击南、北、西三个方向，东路放开，沿途埋伏，按计划本足以全歼日军，但之前硬攻平壤造成的损失过大，李如松把伏兵调回，结果小西行长从东路逃走，快速渡过结冰的大同江，明军在后面追杀，却只杀伤了数百人而已。这样一场以强攻弱的战役，助长了明军主将李如松的骄傲情绪，即使在碧蹄馆的遭遇战中大败也没能唤醒他。

朝鲜官军、义军与明军收复了很多领土，然后由于李如松听闻日军要断其后路，草草撤

军，引发恐慌，大片领土又被放弃。然而日军一方也不好过，不但断了补给，朝鲜本地还闹起了大饥荒，更别提李如松撤退前烧毁了日军存放于龙山大仓的军粮，军中人心惶惶，经常有士兵偷偷渡海回家。这时丰臣秀吉因国内局势紧张，下令从京城后撤，日军在临行前集结军队，对庆尚南道的重镇晋州进行了令人发指的屠城。然而在屠城的前几天，丰臣秀吉还假意与明使和谈。

这场和谈极其荒唐，其中商人沈惟敬欺上瞒下，胆大包天，凭着自己的语言优势，把丰臣秀吉和明朝君臣玩弄于鼓掌之中。当时日本将领小西长行为首的入朝日军极其厌战，在他看来，兵力损失只会让自己的损失更大，所以他一力主和，明朝兵部尚书石星同样力主议和，双方达成的协议如下：明军撤出朝鲜；日军从京城后退；日方释放俘虏的朝鲜二王子和官吏；明朝派使节去名护屋会见丰臣秀吉，正式和谈。五月，明使来到名护屋，由于双方语言不通，直接相谈的还是沈惟敬和小西行长。丰臣秀吉极其狂妄，提出了包括迎娶明朝公主、朝鲜割让领土、继续堪合贸易等七个条件。让人瞠目的是沈惟敬和小西行长一看这条件肯定谈不拢，干脆俩人串通起来，小西行长对丰臣秀吉说明使同意了条件，沈惟敬则告诉使节日本人答应了称臣朝贡。丰臣秀吉在这种情况下才下达了晋州大屠杀的命令。

文禄三年（1594 年）十二月，小西行长派家臣内藤如安跟随明使回到北京，沈惟敬竟然伪造了日本称臣的表章呈上去。而议和派石星另派人和内藤如安和谈，提出了三个条件：日本立即撤出朝鲜全境，只册封不准求贡，日朝修好互不侵犯。内藤如安作为小西行长的家臣来之前就被叮嘱过，完全答应，毫无异议，于是沈惟敬竟然没被揭穿。此后，万历皇帝封丰臣秀吉为"日本国王"，派使节出使日本。文禄四年（1595 年）四月，一行人到达朝鲜。次年九月，沈惟敬以及明使杨方亨见到了丰臣秀吉，他竟然跪倒在地，随行官员无不愤怒。

丰臣秀吉的册封典礼顺利完成，然而纸

▲ 小西行长画像

是包不住火的,通汉语的日本僧人重新宣读诏书时,丰臣秀吉发现自己上当了,大怒之下驱逐明使,下令再次讨伐朝鲜。小西行长狡辩之下虽然逃过了惩罚,但却被再次派到朝鲜战场,而胡作非为的沈惟敬伪造了谢恩表章,派人送回北京糊弄皇帝。万历皇帝得知真相后大怒,先把石星拿下,又传令将沈惟敬就地正法。

第二次侵朝:庆长之役

庆长二年(1597年)二月,丰臣秀吉再次调集14万大军,第二次入侵朝鲜,史称"庆长之役"。这次入侵,日本准备十分充分,并且吸收了第一次侵朝的教训。首先他们散播谣言,把李舜臣弄到大牢中。七月,日军以九鬼嘉隆为首,偷袭了朝鲜水军,战斗很快结束,朝鲜水军几乎全军覆没,日本人掌控了制海权,保证物资运送路线。日军想要稳固地占领朝鲜南部四道,然后左右两路包围京城。朝鲜李氏朝廷这才慌忙地把李舜臣放出来,却要求他"白衣从军",李舜臣找到12艘船,只好暂时蛰伏。日军左右两路推进很快,朝鲜南部的全罗、庆尚、忠清三道先后陷落。

李舜臣要重整朝鲜水军基地,这一消息让日本人感到紧张,于是派出三百多艘船想要全歼朝鲜水军。李舜臣预先在珍岛海峡设置了铁索和木桩,以12艘战船和伪装成战船的民船诱敌,经过一番大战后,当日军想要离开战场时却陷入李舜臣的布控中。这场海战,4000日军被击毙,30多艘日舰被击沉,其水军大将也成为这场战争中唯一战死的大名。

▲ 韩元上的李舜臣形象

明朝在议和失败后已经有了再次入朝作战的准备,然而这一次派出的将帅却导致了"蔚山之败",无论是备倭总兵官麻贵,还是经略朝鲜军务的金都御史杨镐,或是兵部尚书邢玠都屡屡在战场上犯错。万历皇帝大怒,不久得到"丰臣秀吉去世"的情报,于是下令让前线出兵,从而爆发了最后的"露梁海战"。

这场阻截日军撤退的大战算得上援朝抗日战争中真正的大捷,日军500多艘战船最后只余50艘,败兵被全歼。而纵观整个援朝抗日,明军的力量有限,仅保住了朝鲜北方四道以及防止日军继续向北。日军失败的直接原因则是丰臣秀吉的骤然离世。

德川家康的机会：丰臣落幕

　　丰臣秀吉的骤然离世使得丰臣政权各方面矛盾立刻激化，并不稳定的丰臣政权即将崩溃。首先是家臣团内的文武之争，双方利益瓜分不均，加上理念完全不同，矛盾越来越深。而这一切都被德川家康看在眼里，他现在是日本国内最大的诸侯，曾是丰臣秀吉的心腹大患。天下初定，德川家康也不敢担下重燃战火的罪名，于是双方都保持克制，丰臣秀吉的死导致丰臣集团内部混乱不堪，让德川家康看到了机会。

　　丰臣秀吉在遗命中传位给自己的幼子秀赖，以石田三成为首的文治派则认为拥立幼主可以压制武断派，还可以保证文治派在政权中的地位。在名义上，丰臣政权毕竟还是属于天皇朝廷的公家政权（秀吉的职位是文官的关白而不是将军），文官自然能起到作用。而在秀吉的正室北政所看来，她对秀吉的子嗣完全不关注，反而小将加藤清正、福岛正则更令她担忧，于是她指示这些人向德川家康示好，以其为首领。

　　这样文武之争演变为石田三成和德川家康的斗争，但是德川家康在意的是同为"五大老"的前田利家。前田利家与丰臣秀吉有着深厚的情谊，很多年轻的将领视之如长辈。1599年，前田利家去世，再也没有能压制住这些武将的人，于是石田三成也被德川家康找了个借口勒令隐居。从此，德川家康坦然入主大阪西之丸，开始掌控天下。对他来说，年轻的前田利长完全不是对手，他的对手已经变成了"五大老"的末席——会津若松大名上杉景胜。

"安土桃山文化"

　　在这个时代，人们不再修建佛寺神社，取而代之的是一座座城郭殿馆。这个时期的建筑式样很少沿用左右对称的结构，非对称的、迷路构造更被人所喜欢。其中以织田信长的安土城

历史拓展

　　安土城完工以后，织田信长命南化和尚作《江州安土山记》，文后附诗云："六十扶桑第一山，老松积翠白云间。宫高大似阿房殿，城险困于函谷关。若不唐虞治天下，必应梵释出人间。蓬莱三万里仙境，留与宽仁永保颜。"

151

▲ 聚乐第图屏风

和丰臣秀吉的聚乐第为代表。

安土城有"平安乐土"之意，是织田信长的主城，建于 1576 年，地址在近江，规模宏大，建在一百多米的山顶上，城上有 7 层天守阁，高达 65 米。城下有大道贯穿，沿路兴建民居、寺庙和武将住所。聚乐第，便是丰臣秀吉的府邸，建于 1587 年，地址在京都，但 1595 年遭到彻底破坏，现在基本已看不到遗迹。

而在此时期的绘画作品中完全看不到佛教内容，反而是取材于现实，如花鸟、自然景色、社会风俗。其中狩野派出现了一名幛子画的千古大家，那就是狩野画派的第三代狩野永德。狩野永德的父亲、祖父都是室町幕府的御用画师。狩野派是日本著名的一个宗族画派，其画风在 15—19 世纪发展起来，长达七代，历时两百余年。幛子画来源于中国的壁画和屏风画，所谓"幛子"，是指日式房屋多用竹木建构，用可活动的纸扇把大屋分隔为很多小间，这些纸扇，也包括纸门和纸窗，便统称为"幛子"。在幛子上作画的习俗始于奈良时代，也是源自唐风。1574 年，织田信长委托永德创作一幅描绘京都风貌的屏风画，用以相赠上杉谦信。永德大胆地采用金色作为背景，施以浓墨重彩，着力刻画了节日期间各行各业的喜庆场面，这就是著名的《洛中洛外图屏风》。他的画风逐渐成为时代的代表，其锐意进取的精神，富丽堂皇的气派，正是安土桃山时代的完美写照。

延伸思考 毛利氏是如何打败大内氏和尼子氏成为最终胜利者的？

时间轴 1582—1598 年

1582—1583 年	贱之岳合战的爆发
1585 年	羽柴秀吉封"关白"
1586 年	羽柴秀吉被赐姓"丰臣"
1587 年	禁天主教传教
1588 年	刀狩令的颁布
1592 年	第一次入侵朝鲜"文禄之役"
1597 年	第二次入侵朝鲜"庆长之役"
1598 年	丰臣秀吉病逝于伏见城

第九章

最强盛的武家政权：
德川幕府

　　德川幕府的统治使得日本封建统治达到鼎盛，同时也是日本武家政治臻于完善的时期。与前两代幕府相比，德川幕府巩固了武家统治，使社会各阶级和阶层处于幕府武力震慑之下，实现了武家统治的"大一统"，并保持了两百多年的和平统治。德川初期重视对外贸易，但随之而来的传教士引起了幕府的警惕，最终开始了两百多年的闭关锁国。

最强盛的武家政权：德川幕府

德川幕府又称江户幕府，是日本第三个武家政权组织。从 1603 年德川家康在江户（今东京）设幕府起，到 1867 年第十五代将军德川庆喜"大政奉还"止，德川幕府共维持了二百六十五年，是继镰仓、室町幕府之后最强盛也是最后的武家政权。在此之后，日本结束了封建制度，开始走上资本主义道路。

定鼎天下的战争："关原合战"

庆长五年（1600 年）六月，德川家康出兵讨伐上杉景胜，并故意放缓行动，等待各地大名的反应，以便分清谁是敌人，谁是朋友，为德川氏最终执政扫平障碍。七月底，石田三成等人密议，最终公布了五奉行即连署书状，细数德川家康十三项大罪，推毛利辉元为主，号召天下诸侯统合在辉元的旗帜下共同讨伐家康。

▲ 石田三成

这支名义上以毛利辉元为领袖的队伍，实际是以石田三成为核心的多达十万人的联军，史称"西军"。对应的，以德川家康为领袖，以武断派大名为主力的十余万大军，史称"东军"。双方在美浓国关原地区进行决战，史称"关原合战"。这场战事蔓延了日本全境，多数大名都表明了自己的立场，可以说是"应仁之乱"以来波及最广的内战。最终，在西军将领小早川秀秋叛变的情况下，东军取得了胜利，德川家康取得了最终统治权。1603年，德川家康于江户拜领征夷大将军，并在江户设立幕府，史称德川幕府或江户幕府。

分封天下的奥秘

关原合战确定了天下大局，德川家康开始着手重新分封诸侯。这场封赏改变了日本的格局，历史就此告别丰臣秀吉的桃山时代迈入了德川家康的江户幕府时代。

首先，德川家康对西线将领的领地进行了处置。西军主要将领宇喜多秀家、长宗我部盛亲、安国寺惠琼、前田利政等领地或被没收，或被削减。例如毛利辉元的领地由一百二十一万石削减为三十七万石，上杉景胜领地从一百二十万石减至三十万石，佐竹义宣被没收了五十四万石，又转封出二十万石。被没收武将的领地中，宇喜多氏五十七万石、长宗我部氏二十二万石、前田利政二十一万石，加上青木一矩、宫部长熙、毛利秀包、丹羽长重等将，总共三十一名，总数将近三百五十万石。临阵倒戈的武将，大部分也被没收了领地，例如赤座直保、小川祐忠，吉川广家被转封，领地从十四万石降为三万石。算下

▲ 德川家康画像

分封 （600万石）	没收 / 削减 （600万石）
外扬分封在偏远地区	削减毛利辉元、上杉景胜、佐竹义宣
亲藩与同族分封在江户附近	没收：宇喜多氏、长宇我部氏、安国寺惠琼、前田利政

▲ 德川家康分封天下

来，将近六百万石无主之地，都被德川家康用来封赏。

新的分封格局明显有利于德川氏，即以江户城为中心，德川家康把自己的亲藩同族安排在附近，把福岛正则之类"外样"以及武断派大名都赶往远方。德川家康通过关原合战以及战后封赏，大大削减了丰臣氏本家的实

力。放眼日本国内，唯一稍具威胁的就是丰臣秀赖母子。作为丰臣秀吉名正言顺的继承人，丰臣氏仍然有着潜在的巨大政治资本，其所居住的大阪也是日本最富庶的都市。1605 年，德川家康让位给儿子德川秀忠，这种父子相传、政权交接的形式变相给了倨傲的丰臣氏一个暗示，然而丰臣秀赖母子完全没有理会，这让德川家康下了彻底除掉丰臣氏，为德川家扫平隐患的决心。之后他两次发动大阪之战，并在 1615 年，占领了大阪，消灭了丰臣氏一族。1616 年，德川家康去世。

封建集权的实现：幕藩体制

德川幕府统治下的日本是封建集权性质的国家，全国受幕府将军和各领地（藩或国）的支配，这也就是"幕藩体制"。幕府，作为中央政权，既统辖全国各藩，又允许各藩有相对的自治性。将军是日本最高统治者，幕府是国家最高政权机关。各藩的统治者是大名，大名效忠于幕府，幕府对大名实行"交替参觐制度"。

从经济上来说，幕府拥有占全国粮食总产量四分之一的土地，以及大阪、京都、江户等重要城市和主要矿山，还垄断着货币的铸造权。幕府把一部分领地分封给家臣武士"旗本""御家人"，其余归将军一族掌握，德川家康及其后嗣就成为全国经济实力的最强者。将军直辖领地以外的土地被分封给全国近 270 位大名，大名需要把自己领地上的年贡分配给陪臣，陪臣也需要给家臣授以俸米。大名在自己的领地上拥有行政、司法、军事、税收等权力。领地内的土地由农民耕种，农民须交纳地租，履行各种义务。由此可见，领地和禄米是将军和武士阶层

江户幕府政治机构的简要设置

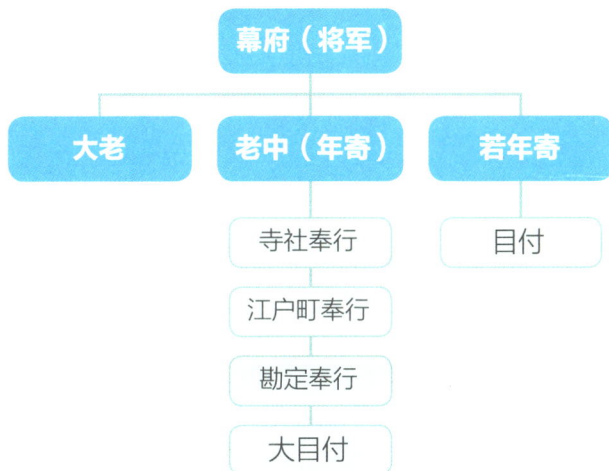

```
          幕府（将军）
    ┌──────────┼──────────┐
  大老    老中（年寄）    若年寄
               │            │
             寺社奉行       目付
               │
             江户町奉行
               │
             勘定奉行
               │
             大目付
```

君臣关系的基础。大名、旗本、御家人要对将军宣誓效忠，陪臣、武士、家臣要对各自的主君服役和尽忠。

幕府为了加强控制力，把亲藩和谱代安置在关东、近畿及东海要地，外样大名会封在东北、中国（山阴、山阳）、九州等边远地区。大阪之战后，幕府还制定了一国以城制，即除了大名的居城外，所有城堡被一律拆毁。在德川时代，表面上各大名保持着独立、割据局面，但幕府在政治、经济、军事上都有绝对优势，因此德川幕府在相当长的时间内保持着安定的局面，完成了中央集权的专制统治。

如上图所示，将军下设置"大老""老中""若年寄"等职，这些职务都是从谱代大名中选任，轮流执政，重要事件需要协商处理，以防止中央权力被篡夺。

延伸思考 什么是"幕潘体制"？

时间轴 1600-1616 年

1600 年 关原合战的爆发

1603 年 德川家康在江户设幕府，建立德川幕府

1605 年 二代将军德川秀忠继位

1616 年 德川家康去世

军事组织与武家统制

幕府掌控全国军事指挥大权，并设有直属幕府的常备军，他们需要充当战时先锋，平时的职责是守护幕府和江户城的安全。德川幕府一方面通过制定各种制度，用法律约束各个阶层，另一方面出于统治需要，独尊朱子学，所谓"尊卑不可逾越"，对武士进行思想教育。双管齐下，使得德川家的统治在初期非常稳固。

幕府与天皇：《禁中并公家诸法度》

德川幕府对天皇的限制达到了极致，天皇的唯一权力是每代将军继任的消息需由其来发布，承认将军是日本的最高统治者，也就是说幕府属于"公仪"即代表政府的意思。除了这一点，幕府完全不受朝廷干涉，武家官职与朝廷官职完全独立。反过来，朝廷包括天皇在内，还要服从《禁中并公家诸法度》。

《禁中并公家诸法度》共有 17 条，对天皇的活动进行了严苛的规定。《法度》要求天皇只限于做学问、执行礼仪，其实从镰仓幕府以来，天皇不过问政治，只在"学问"方面发挥作用已成为一种传统。另外将军有权干涉皇家婚姻以及以宗教名义强制安排皇族成员出家修道。幕府设置官吏派遣密探监视皇室公卿，武士的官职由幕府授予，这样一来便彻底隔断了皇室和武士之间的联系。天皇如果触犯幕府，随时会被罢免，可想而知，德川幕府的权力已公然凌驾于天皇之上。

▲ 《禁中并公家诸法度》

武家统治的基础：身份等级制度

在江户时代，身份等级有着严格的规定，除了公卿贵族以外，还划分了士、农、工、商等级，次序不允许颠倒。

士又写作"侍"，指的是武士，身份标志是有苗字，可以带刀，特权是"斩舍御免"，意思是有权当场格杀百姓。武士内部也分等级，下级武士和平民见到高级武士时必须伏地磕头。另外，公家、神官、僧侣等同武士，也属于这一阶层。农，就是农民，武士们的年贡和俸禄来源于农民劳动，江户幕府重视农业发展，因此"农"被放在第二等级。"工"和"商"都住在城市里，和武士一起构成城市居民。前者指手工业者，后者指商人。

德川幕府进一步加强了"身份统制"，禁止武士转为农民或町人，禁止农民弃田经商，禁止武士擅自离开主家，对武士和农民、武士和町人、农民和町人都做了严格的法令限制，明确幕府是由武士统治农民和町人的"武家统治"。

此外，还有存在于这个阶级体系之外的群体，包括演员和屠夫即部落民（少数民族），他们地位低下，负责处理动物尸体、鞣制皮革等。即使是现代日本，他们依然被排斥在主流民众之外。

▲ 江户时代日本地位较高的侍与其仆从

幕府对武士的管理：《武家诸法度》

除了对天皇的《禁中并公家诸法度》外，德川幕府还制定了针对武士的戒规即《武家诸法度》，以及关于寺社权力活动的法规《诸宗诸本山诸法度》。对武士的规定起源于德川家康所颁布的《一国一城令》，规定大名只准留下一座城堡，其余必须拆毁。后来的《武家诸法度》以及《禁中并公家诸法度》，则对文、武两体系都做出了种种规定。1635年，三代将军德川家光修订《武家诸法度》后，形成了一套完备的制度。

德川幕府颁布"武家诸法度"，类似于武家宪法，每代将军更替，就把

▲《武家诸法度》现存最早的抄本之一

诸大名集中到江户，向其发布法令，成为定例。四代将军德川家纲时所颁布"宽文令"最多增至21条。《武家诸法度》对象从大名扩展到普通武士，对武士的权利与义务、生活规范都做了非常严格的限制，其中最重要的是规定了大名的"参觐交代"制。

按照规定，大名须隔一年在江户和领地轮住，即一年在幕府执勤，一年在领地驻守，回领地时其妻、子要常住江户，实质是留在江户为人质。在江户的住宅以及供养家臣的生活费、参觐的路费都由大名自己承担，这种规定变相地消耗了大名的财力，而大名为了弥补开支，往往会在江户、大阪建立仓储，进行商业活动，这对这两个城市的商业发展起到了促进作用。

幕府设巡见使、隐者、目付等职称监察各地情况，加强对大名的控制。幕府各藩养着数十万武士，以满足镇压人民和维持统治的需要，这些武士在"兵

武家诸法度

☆ 修练文武弓马之道

☆ 禁止聚众酗酒作乐赌博

☆ 禁止藏匿违法者

☆ 禁止包庇谋反者、杀人者

☆ 禁止包庇他国人

☆ 严禁擅自筑城

☆ 邻国动态应及时报告

☆ 大名间婚姻需征得幕府同意

☆ 大名需前往江户参觐交代

☆ 衣着等级应符合身份

☆ 乘轿与否应与身份相符

☆ 例行节俭

☆ 各国大名应知人善任

农分离"后，完全脱离生产，虽然其中一些御家人有自己的领地，但按照规定必须居住在江户城内，领地也要交给地方官经营。幕府的常备军包括旗本、御家人，再加上他们的陪臣，号称"旗本八万骑"，战时还会征发各藩的军役，动员的总兵力大约在八万人以上，这支军队的最高统帅是将军。

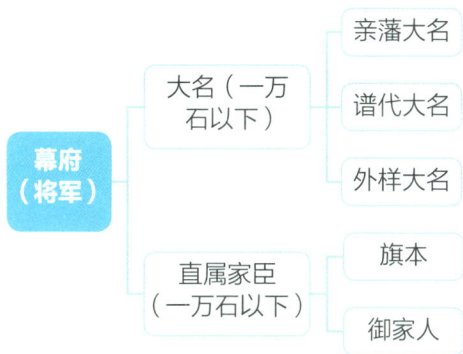

```
                        ┌── 亲藩大名
           ┌── 大名（一万 ┼── 谱代大名
           │    石以下）  │
幕府        │              └── 外样大名
（将军）─────┤
           │              ┌── 旗本
           └── 直属家臣 ──┤
               （一万石以下）└── 御家人
```

▲ 幕府与大名、武士的从属关系图

亲藩大名，是指与德川家有血缘关系的藩领；谱代大名，指德川氏嫡系大名；外样大名，以前与德川家康同为大名或战后降服的大名。旗本和御家人平时作为行政官僚或警护人员，都住在江户，二者的区别在于旗本大多封有领地，有直接谒见将军的资格，而御家人只领俸禄，没有资格谒见将军。同时，代表国家的是幕府，国书由将军签署，称"大君"或"日本国王"。外交大权由幕府独占，朝廷与大名无权过问，甚至相关情报也不会向二者通报。

日本朱子学：幕府护国政治理念

南宋思想家朱熹及其门人创立的朱子学，不仅是中国继儒学之后又一思想成就，在整个东亚包括日本、朝鲜、越南等国也都得到广泛传播。对不同民族和种族的思想文化产生了不同程度的影响，尤其在日本江户幕府前期，朱子学受到幕府重视，并得到大力推广，甚至被定为官学。朱子的著作在江户时代前早已传入日本，1200 年，朱子的《中庸章句》就流传到日本，后来，日本僧侣先后带回许多朱熹的著作，如《晦庵大学或问》《论语精义》等。室町时代，五山僧侣在京都五大寺院研习程朱理学，到室町后期，学者在宣讲儒学时都采用朱熹新注，不过那时的朱子学还被作为佛教的附属品，主要由禅僧学习和使用。

江户时代，天皇虽然被架空，但仍是精神象征，幕府与大名互相对立又互相依存。当时刚刚建立幕府的德川家康希望有一种思想可以对幕府政权进行解释，也希望改变战国时代流行的"下克上"风气，这时脱身于佛教禅宗的朱子学满足了德川幕府的政治需求，也满足了这个时代的政治需求。幕府在这个时期所颁布

朱子学在中国、朝鲜、日本的不同发展

类别	中国	朝鲜	日本
行政	统一	统一	形式上统一
思想	不统一	统一	不统一
制度化	一段时期内	高度制度化	并没有

的《禁中并公家诸法度》《武家诸法度》《公事方御定书》等法律文件中深深渗透着朱子所强调的"忠""信"理念，以教化为中心，塑造了幕府护国的政治理念，为武家政权国家的形成和发展提供了理论基础。

德川幕府通过大量教育机构推行儒学，宣讲朱子学，使其在贵族、大名、武士、庶民以及浪人等各个阶层都得到了广泛传播。这其中涌现出了大量学者，代表人物有藤原惺窝与林罗山。藤原惺窝，曾任德川家康的老师，他最初在寺院学习儒学，接触到朱子学后转变了思想，促使日本朱子学从佛学中脱离出来，作为独立学说发展。林罗山是藤原惺窝的学生，受德川家康赏识，成为幕臣，在他的努力下，朱子学成为官学，并开设专门讲授朱子学的学堂和藩校。

日本朱子学和中国朱子学是完全不同的，并与同样受朱子学影响的朝鲜也呈现出不同的发展方向。朱子学尽管在日本非常流行，但是自始至终只是停留在官方承认的程度。

日本没有科举制度，思想家们无法参与和主导政治权力，这点从德川家康的政治顾问来看，他虽然很受将军重视，负责起草一些重要法令文书，但他的身份却是一名直属武士。日本的思想家往往受雇于政治家，以完全实用的角度去制定法律、进行教育，甚至从完全相反的方向去解释学说思想，这与中国、朝鲜的思想家、政治家们不同，他们学问虽然大，但官职往往会越低。另外，正因为这种灵活性和实用性，反而更具多样化，幕府对思想的理论构成很少进行干涉，这种有特色的日本朱子学发展，使朱子学不仅为德川幕府提供了有效的政治理念，也为推翻幕府以及后期的"明治维新"创造了理论条件。多元化甚至是相反，这正是日本朱子学发展特色的呈现。

延伸思考
？
德川幕府统治有什么特点？

繁荣的江户经济

随着生产力的提高，商品经济产生并迅速得到发展，"参觐交代"以江户为中心的交通发展起来，促进了全国市场的形成。人口开始向城市高密度集中，这些都给商品经济的发展创造了条件，也促进了城市繁荣，反过来又推动了商品经济的发展。

商品生产的发展

幕府刚建立时，由于兵农分离和"检地"政策的执行，曾经贵族和武士对土地的占有关系已被破坏殆尽，取而代之的是幕藩对农村的控制，领主与农民便建立了直接的剥削关系，农民被层层束缚，甚至沦为农奴。领主为了保证年贡的征收，下令禁止土地买卖，违者会被判刑流放，后来又禁止分田给子孙，就连种植什么作物、生活细节都做了规定。农民的迁徙、转业都被严格禁止。1650年，幕府向全国农民发布了《庆安告示》，对农民的生产和生活提出了32条严格限制，包括干涉农民种植经济作物，要求每人农食住行极端节约。领主们希望把农民牢牢地拴在土地上为他们生产年贡，这种生产关系直到幕府后期才有所改变，因为商品经济发展，农村结构出现巨大变化，领主的统治被动摇。

德川幕府的经济基础是封建小农经济，为了保证贡赋，他们重视农业生产工具的改进，在肥

▲ 江户城描绘图

料、育种、耕种、防止病虫害等方面都取得了明显的提高和进步，很多农书的出版也大大促进了农业先进技术的传播。1696年，宫崎安贞总结日本农民的生产经验，参照中国《农政全书》和本草书，出版了《农业全书》，使先进技术得以保存和传播。德川时代成为日本农学发展最快的时

A 奥州街道：江户—白河（福岛）
B 日光街道：江户—日光
C 甲州街道：江户—下取访（长野）
D 中山道：江户—草津（滋贺）
E 东海道：江户—京都

▲ 江户时代"五街道"图

期。农业生产力的大幅度提高，使得农民除了年贡之外出现了剩余产品，为商品经济的发展和城市的繁荣创造了条件。大量实物贡租的运输和买卖在城市中进行，商品货币经济迅速发展。

随着农业的发展，经济作物的产量大大提高，这也促进了手工业的显著发展。丝织业、棉织业、陶瓷、漆器、酒类等领域都出现了著名的生产中心，行销各地。幕府后来对地方农业、手工业产品实行了专卖制，也就是让各村镇设置生产机构专门生产"特产物"，这种特产物的生产使分工更细，也使一些商人、小自耕农、地主逐渐得到"身份独立"。

城市繁荣和交通建设

在江户时期，日本全国性的大城市有三个：江户、大阪、京都。江户，幕府所在，也是当时全日本最大的消费城市，18

历史拓展

经济作物是指技术作物、工业原料，也就是具有某种特定经济用途的农作物。例如纤维作物指的是棉花、麻类、蚕桑；油料作物指的是花生、油菜、芝麻、大豆、向日葵等；糖料作物包括甜菜、甘蔗等。

世纪初人口约在百万左右；大阪是全国商业中心，17 世纪末人口约 35 万左右；京都是皇室所在地，也是仅次于大阪的工商业城市，18 世纪初人口在 36 万左右。除了这三座大城市外，各个藩的规模都略小一些，如金泽、名古屋等比较有名的藩属人口都在 10 万左右。

17 世纪末，商品流通开始超出藩国范围，商品品种繁多，各藩之间的经济往来更加频繁。到了 18 世纪初，以大阪、江户、京都、长崎等商业城市为中心，逐步向全国性市场发展。其中大阪水运发达，聚集了全国的食品，被称为"天下的厨房"，同时也是全国性商品交易的枢纽。批发商们在商品流通中发挥了重大作用，1694 年，在江户的组成了"10 帮批发商公会"，大阪地区组成"24 帮批发商公会"，这些批发商公会都得到了幕府地区承认。

由于大名在"参觐交代"制度的要求下，需要在领地和幕府之间往返。德川初期，以江户为中心，首先修建了通向各地的五条主干道，统称"五街道"。

五街道中太平洋沿岸的东海道最为重要，除了起点江户和终点京都外，中间设有 53 个"宿场"，提供食宿和驿站服务。五街道的修建主要出于政治和军事目的，民用方面多以限制，但是幕藩为与大道相连不得不修建各藩的支路，这些支路的增加逐渐构成了全国性的交通线。

人口的高密度集中、全国市场的形成、消费城市的建立和发展，以及社会分工、手工业的发展，这些都给商品经济的发展创造了有利条件，促进了城市繁荣，反过来也加速了商品经济的发展。

延伸思考　幕府对农业和商业的税收政策有什么不同？

时间轴 1650—1696 年

1650 年	安庆告示
1694 年	批发商公会建立
1696 年	《农业全书》出版

江户文化

江户文化随着江户时代的不同阶段出现了不同的特点。初期的宽永期文化深受桃山文化影响，朱子学最为流行。17世纪末到18世纪初进入元禄文化时期，这个阶段政治安定，经济繁荣，形成了新的市民阶层，町人文化成为主流，一直影响到江户时代后期。到了江户幕府末期，政局混乱，幕府和欧美文化交流频繁，学习西洋文化成为主流。

反对朱子学的学派

随着社会结构的变化，宽永期对朱子学的推崇已过时，儒家思想从内部产生了批判和改造的质疑声。其中以阳明学和复古汉学为代表。

阳明学派批评朱子学思想过于空洞，坚持"知行合一"学说。这种思想的支持者一般都反对幕府的参觐交代制，他们认为武士应该移居农村采邑，实行农兵制。阳明学派鼓励武士杀身报主，这种愚勇精神从本质上来讲是封建反动的，但却在"明治维新"中产生过积极的推动作用。如大盐中斋（即大盐平八郎）、吉田松阴等都是发动起义的阳明学派志士。

▲ 荻生徂徕肖像

古学派认为应改为直读孔孟经典，恢复先秦儒学本来面目，此外还可以脱离政治来树立道德。著名学者荻生徂徕讲求"经世之学"，提出改革幕藩政治是匡时救世的

▲ 井原西鹤作品插画

要务，但改革必先研究古代典章制度，然后由将军"作为"，重建封建秩序。

町人思想与文学

町人，即都市工商业者，是江户时代对商人和手工业者的统称，他们的地位在等级制度中最低，但财力却比武士和大名还高。随着江户时代商品经济的发展，他们逐渐形成了新的阶级——町人阶级。町人阶级最主要的商业活动是倒卖封建领主从农民手里征收的地租，町人所经营的消费品和高利贷活动以大小武士为主要对象，他们虽然有着巨大的财力，但在政治上完全没有发言权，甚至生存也没有任何保障。

随着财富的进一步集中，领主们虽然在政治上还保持着独立，但经济却被卷入到全国经济之中，幕府和各藩的财政都被富商所左右。18 世纪的日本经济学家本多利明就曾说大名的领地看似是武家的，但实际上统领这一切的却是富商。

富商们通过高利贷逐渐控制了封建经济，商人的权力和社会地位在无形中提高，身份制度的约束变得松弛。元禄时期，町人思想成长出现了明显的变化，他们的商人对社会的贡献得到了肯定。一些思想家和文学家代替町人表达了他们的想法，他们首先主张"武士不为贵，商人不为贱"，表明人和人没有贵贱上下之分。日本心学创始人石田梅岩认为商人所行有利于天下，利益是正当的，不应对商人产生偏见。

这一阶段的艺术作品都表露出丑化武士阶层的思想，他们认为商人对国家的

▲《南总里见八犬传》

贡献和武士对君主效忠没有什么区别，商人获利和武士得到俸禄更是同一性质的行为。这种思想倾向的表达必然招来幕府的打击和压制，但有强大的财力做支撑，这种思想才得到了广泛传播。当时在京都、大阪流行起描写世俗风情的新形式小说《浮世草子》（相对于以前的假名草子），又称《浮世本》。大阪商人井原西鹤开创了这种新形式，内容围绕町人的现实生活，一改过去围绕贵族和武士生活的传统，形成了庶民文学。

他的代表作品有表现武士生活的《武道传来记》和描写市民经济生活的《世间胸算用》《世间费心机》《日本永代藏》《西鹤诸国话》等。这种小说以图为载体，有点类似于连环画，以连续的绘画图片来讲述故事情节，配以假名解说，通俗易懂，很受平民百姓喜爱。当时这种小说形式被称为草双纸。按照封面色彩和装订的形式有五种：赤本，主要以儿童启蒙读物为内容；青本、黑本，内容更丰富，大多是戏剧图解、英雄故事、鬼怪传奇；黄表纸，内容取材于现实生活；合卷，采用新的装订方法和内容形式，出现得比较晚，19世纪初受歌舞伎影响很深。

除了这种小说形式，读本也是以町人平民生活为内容的文学作品，它的产生受明清白话小说影响，以文字为主，配以插图，还有很多内容是明清小说的翻版，糅合本土故事加以改编，内容更有深度，雅俗共赏，早期多是短篇，后来长篇读本更加流行。著名长篇读本代表作品有《飞弹匠物欲》《三七全传南柯梦》《椿说弓张月》《南总里见八犬传》。

《南总里见八犬传》简称八犬传，是日本戏作家家曲亭马琴（泷泽马琴）所著。1814年首次出版，经过28年后到1842年才完结，是日本古典文学史上最长篇的巨著。

人形净琉璃和歌舞伎表演

人形净琉璃，就是木偶说唱戏，一边演奏快板、琵琶，一边操作木偶进行表演，在大阪和京都非常流行。民间艺人竹本义太夫创作的"义太夫小调"很受欢迎，再加上戏曲作家近松门左卫门

▲ 人形净琉璃

所创作的许多说唱脚本，使人形净琉璃这种艺术形式达到高峰。不过在歌舞伎兴起后，其逐渐衰落，18 世纪末，这种古典艺术形式被改名为"文乐"，一直延用到现代。

歌舞伎表演是日本典型的民族表演艺术，传统艺能之一。2005 年被联合国教科文组织列为非物质文化遗产。虽然其现在有着"国剧"的地位，但在江户时代，它还只是一项屡遭禁止的民间娱乐活动。

创始人"阿国"是名女子，她先创作出节奏明快、有市井风俗特色的舞蹈

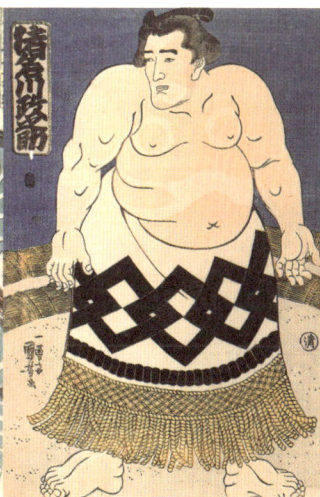

▲ 忍者绘　　　　　　　▲ 相扑绘

▲ 役者绘

▲ 宽政三美人

剧，因为当时女性登上舞台是很罕见的，她女扮男装上场，剧情活泼通俗，受到庶民们的狂热欢迎。1629年，幕府下令不允许女子参加歌舞伎演出，于是艺人们男扮女装，没想到更受欢迎，于是幕府不得不在1651年全面禁止歌舞伎演出活动。或许被禁止的东西更能让人怀念，禁演之后引起了很多抗议，两年后，歌舞伎演出被解禁，一度成为最受欢迎的娱乐形式。从西洋留学回来的知识分子和政治人士看到西洋社会把艺术视为国家文化的象征，于是便把日本歌舞伎当作日本文化的代表。现在的日本歌舞伎表演布景精致、服装化妆华丽，演员全部为男性。

江户时代的美术创作内容不再关注贵族和宫廷，绘画作品也有了新形式，这便是风格华丽、取材生动的"浮世绘"。

浮世绘以描写歌舞伎、相扑、花柳巷等浮华景象为内容，刺绣工人出身的画师菱川师宣是浮世绘的始祖。他一开始只是为假名草子配插图，没想到受到热烈欢迎，于是从文学作品中脱离出来，成为独立的欣赏绘画。他把这些画制成木版，广泛出售，因而得到迅速传播。浮世绘就是日本的风俗画、版画。到了江户时代末期，浮世绘的描绘对象由原来的美女、演员人像转变为风景画，葛饰北斋的《富岳三十六景》、安藤广重的《东海道五十三次》都是这一阶段的代表作。

时间轴 1629—1653 年

1629 年	幕府下令禁止女子参加歌舞伎表演
1651 年	幕府全面禁止歌舞伎表演
1653 年	歌舞伎表演解禁

延伸思考

? 町人思想的核心是什么？

禁教与锁国

德川幕府刚建立时，鼓励海外贸易，中国、朝鲜历来是日本的贸易对象。但随着幕府明令锁国，荷兰成为日本唯一的贸易伙伴，"兰学"为日本今后的明治维新储备了人才和力量。

对外贸易：中国、朝鲜、荷兰

德川幕府成立初期，依然保持着开放的外交政策，以鼓励海外贸易。中国和朝鲜都是德川幕府重要的贸易对象，由于明朝沿海屡受倭寇侵扰，国内形势并不稳定，明政府拒绝了德川幕府恢复堪合贸易的要求，不过，官方虽然禁止，但民间贸易一直没有中断。

1609 年，幕府和朝鲜缔结《己酉条约》，又称《庆长条约》，该条约规定：今后双方贸易只通过对马藩（属日本）进行，日本船舶只能进出釜山一港，在釜山设立倭馆，日本人只限在釜山市内活动，不准进入朝鲜内陆。直到明治时期为止，釜山都是日本人在朝鲜的唯一落脚点。对马藩距离大陆最近，距离朝鲜半岛只有 50 公里，

▲ 德川忠秀（1605—1623 年在位）

▲ 对马藩藩主宗义智

藩主宗氏家族数百年来世世代代统治对马藩。日本对朝鲜的往来都是通过宗氏进行，每年会派出近二十条船，收入令人满意。

除了中国和朝鲜，德川幕府还和吕宋、安难、柬埔寨、暹罗等东南亚国家建立邦交，为此向那些做南洋贸易的商船办理幕府将军朱弘印执照，特许其对外贸易。这种船叫作御朱印船，一直到1639年，幕府颁布锁国制，朱印船制才被废止。日本南部的琉球群岛，岛上有尚氏被明朝封为琉球国王，幕府曾在1609年，派大名岛津久就占领此地，岛津氏冒用尚氏之名向明朝进攻，从而间接通过琉球国和明朝开展官私贸易，直到"明治维新"后，日本才正式把其改为"冲绳县"。西班牙和葡萄牙是最早在日本开展商业活动的两个国家。17世纪后，英国和荷兰在日本长崎设商行开展自由贸易。幕藩领主们需要枪炮、火药等军需品，豪商们需要呢绒、生丝，最终随着日本禁教与锁国，荷兰成为西方唯一独占日本贸易的国家。

幕府下令全国禁教

1580年，领主大村纯忠把日本西部最大的贸易港口捐献给耶稣教会，传教士们为了大规模传教不择手段，丰臣秀吉于是在1587年颁布《禁教令》，逮捕传教士和信徒，1588年

历史拓展

朝日恢复贸易之初，国书该如何署名在幕府中展开了大讨论。因为朝鲜称"国王"，丰臣秀吉曾经受过"日本国王"的封赐，但是这种称呼被否决了，因为朝鲜李氏朝是中国的藩属，日本不是，所以有人提出"日本国大君"，但是大君听上去又比国王矮一头，朝鲜的王子往往称大君，这样大君也被否定了。后来又有人建议叫日本国王，这得到了第六代幕府将军的支持，于是国书上的署名变为"日本国王源某某"。

再次下令驱逐传教士，国土虽然收回，但问题却遗留到德川家康时代。

德川幕府看重对外贸易带来的利益，对西方宗教采取了相对宽容的政策，但天主教的传播最终引发了教会和幕府的矛盾。首先，天主教教义坚持上帝是最高权威，在上帝面前人人平等，

▲ 朱印船

这和幕藩体制下的各种法令完全相背离；其次，天主教排斥异教，认为上帝是万物之主，这对一向自诩神国和东照大神化身的幕府来说是无法容忍的。

幕府在东南亚看到了西方殖民者通过宗教逐步侵略扩张，由此引发了恐惧之心。宗教的力量通过一向宗长达11年的农民起义已经得到了证明，这一切都让德川幕府下定决心采取强力措施扑灭天主教，于是在1612年3月，幕府下令全国禁教。此时的日本对外贸易只认可荷兰和英国，对天主教的支持者西班牙、葡萄牙表达了"不予重视"。

禁书制度是禁教政策的一个重要环节。德川幕府对书籍传入管理极其严格，主要是禁止传入和传播印刷有宣传基督教教义的书籍。1692年，幕府在长崎奉行设置了"书物改役"一职，专门对这方面内容进行查验。

历史拓展

《帝京景物略》被日本列为禁书之一。这是一本出版于明朝崇祯八年（1635年）的关于北京城的旅游指南，但是书中的第四卷和第五卷却提到了北京城内的天主教堂和天主教士利玛窦的坟墓。这本书被查出后，书的主人和船主都被禁止前往日本，货物也被停止贸易，并且立刻被遣返回国。

宽永禁令：幕府锁国

　　禁教是幕府锁国的第一步，鉴于西南诸侯从西洋贸易中同样可以获得火药和枪炮，威胁幕府安全，幕府决定进行外贸统制。幕府在 1630 年起，以京都、江户、大阪为中央市场，控制全国经济，逐步限制并独占对外贸易，与此同时，开始全面锁国，由于锁国令在宽永年连续颁布，又被称为"宽永禁令"。

1633 年
锁国令 17 条

1635 年
再次严令
锁国

1639 年
锁国令 3 条

1634 年
再次发布
锁国令

1636 年
再发锁国
令 19 条

　　直到 1639 年，日本的闭关锁国体制最后完成，这项政策延续了 200 多年。日本的闭关锁国并非完全封锁，其依然保持着对中国、荷兰和朝鲜的贸易关系。不过这种对外贸易完全被幕府垄断，幕府的实力始终保持着对地方藩领的绝对优势。实行闭关锁国政策后，幕府强迫天主教徒改宗佛教，并且规定每个日本人都必须固定以一个寺庙作为他的"檀那寺"，以此来证明他并非天主教徒，而是某一佛教宗派的信徒。这种制度使寺院掌握了信徒的"改宗户籍"，成为平民的户籍管理方。

时间轴 1609—1639 年

1609 年	日朝签订《己酉条约》；日本占琉球岛
1612 年	幕府宣布禁止禁教
1633～1639 年	五次颁布锁国令（宽永禁令）

延伸思考
?
幕府为什么要禁教锁国？

第十章

幕府的悲歌：
黑船来航

在两百多年的江户幕府统治中，德川家康、德川秀忠、德川家光这前三代将军为今后的统治奠定了基础，直到德川纲吉时代发展为江户幕府的鼎盛期。随着商品经济的日益发展，社会贫富差距加大，阶级矛盾越来越激烈，为了化解幕府所面临的各种危机，幕府进行了多次改革，但收效甚微。直到1853年，"黑船来航"，日本关闭了两百多年的大门终于被迫打开。

走在下坡路上的幕府

日本商品经济得到迅速发展后，城市生活费用不断提高，致使那些只靠君主发放禄米生活的武士们陷入窘境。幕府、大名的财政也并不乐观，通货膨胀，物价上涨，社会危机的加深让幕府将军们不得不开始正视这一切，做出改变。

幸运的八代将军

第八代幕府将军德川吉宗是个运气特别好的人，他出身并不高贵，可三个哥哥先后去世，只能由他来继承纪伊和歌山藩，成为新任大名。德川吉宗关心百姓，勤于政治，很快贤名远播，这时将军家面临绝嗣，将军的继承人身份再次降临到他身上。

就这样，德川吉宗步步登天，成为幕府第八代将军。等他上任后，才发现，现在的幕府已成为一个棘手的烂摊子，甚至已经无力发放旗本、御家人的俸禄。德川吉宗意识到，如果

▲ 浮世绘中的德川吉宗

财政危机得不到迅速而有效的解决，肯定会有人造反。另外，将军的权力被一些原本设置为制约老中的亲信秘书们控制，这些人反而比老中更有实权，即使是将军也无法有效地控制他们。京都生活安乐奢靡，赋税却越来越少，幕府越来越穷，商人们越来越富有，面对这样的现状，德川吉宗一上台就展开了一系列改革。由于他在 1716 年继位，改元享保，所以将这一系列改革被称为"享保改革"。

德川吉宗先把指挥不动的人全部请走，权力收归到自己手上，然后开始重建幕府财政基础。他是一个非常崇拜先祖家康的人，于是沿用德川家康的思想破格提拔了很多人才。他的得力助手是被日本人看作如同包青天一样断案如神的大冈越前，而大冈越前的职务相当于江户市长兼警察局长兼法院法官。德川吉宗的上任使幕府呈现出新面貌，他提倡俭朴，重视农业科技进步，比前几任将军都要亲民。然而，压榨百姓、增加年贡仍然是他改善幕府财政的主要手段，所以能缓解财政危机只是暂时的，此时的幕府仍走在下坡路上。

1745 年，德川吉宗退位给长子德川家重。德川吉宗一去世，其子就重新启用了侧用人，也就是分走将军实权的人。1762 年，德川家治继位，下级武士出身的宠臣田沼意次被破格提拔成老中，大权在握，史称"田沼时代"。

田沼意次是个非常有想法的人，他有了实权后，给了豪商们更多特权，大力支持贸易发展，他觉得这样可以拯救幕府财政，完全没想到这是在作茧自缚。贫者越贫，富者恒富，天怒人怨。随着靠山家治将军的去世，田沼意次终于被赶下台，接任他职位的是名门贵族松平定信。

无力回天的幕府

松平定信认为暴发户田沼意次放纵那些豪商们是在作乱，于是一上台就恢复以农为本，大力打压豪商。矫枉过正，他这样蛮干很快引发了金融混乱，恶果又报应在城市生活的旗本和御家人身上，这些人求贷无门，只好破产沦为贫民。

作为名门出身的松平定信坚持朱子学才是"正学"，其他各学派都是异端，包括"兰学"（兰学指荷兰的西洋学问）。幕府现在正处在闭关锁国期间，本来兰学是唯一

▲ 松平定信画像

能够接触到近代科学的学派，现在也被禁止，让很多人感到绝望。有个叫林子平的幕臣写了本书《海国兵谈》，只可惜松平定信认定这是异端学说，下令没收了这本书的刻板，还把人抓了起来。

仗着家齐将军还没成年亲政，松平定信肆无忌惮，到处指手画脚。家齐将军看在眼里，记在心里。1793 年，筹划已久的家齐将军借"大御所"尊号事件趁机发难迫使松平定信辞职归藩，从 1787 年到 1793 年，松平定信所实行的幕政改革被称为"宽政改革"。

在此事件中，霸道的松平贵信的离开让政治气氛陡然一松，兰学很快蓬勃发展起来。有个著名的兰学家绪方洪庵在大阪创办了学堂，门下弟子三千，有福泽谕吉、桥本左内、大村益次郎、大鸟圭介等，谁能想到就是这一批弟子中竟会出现幕府的掘墓人呢？这就连在位时间长达 50 年的幕府将军德川家齐也没有想到。此时他正被国内由于饥荒而引发的平民起义弄得焦头烂额。在这次起义中，最为著名的就是大阪"米骚动"。

在江户时代两百多年的统治中，曾经出现了四次大饥荒：享保大饥荒，三代将军德川家光时候的宽永大饥荒，十一代将军德川家齐时候的天明大饥荒，以及德川家齐和十二代将军家庆时候的天保大饥荒。

1830 年，依然是德川家齐将军当政，京都地区天灾不断，先是大地震，然后淀川泛滥，一场大饥荒持续数年，到了 1836 年，繁华的大阪城里到处是饥民，每天都有人被饿死。幕府很想平稳米价，稳定局势，但是对囤积居奇、借机抬高米价的豪商们却毫无办法。著名学塾"洗心洞"的校长大盐平八郎感到非常痛心，他变卖藏书所得黄金全部分给贫民，这一善举却招来幕府的怀疑。平八郎非常愤怒，既然

▲ 大盐平八郎的画像

▲ 水野忠邦画像

被幕府误解，就一直误解下去，于是他召集了自己的学生，城市里活不下去的贫民们以及近郊的农民大概五六百人，一路抄家抄粮，但由于起事太仓促，其他人并不知道，无法做出响应，最后被军队击败。事败后，大盐平八郎纵火自焚。武士阶层对这种敢于召集人手，在城市里举起反旗的举动感到恐惧，民间却一直以各种方式缅怀大盐平八郎，比如戏剧里的小盐贞八，明显是按照大盐平八郎的名字杜撰的。

大盐平八郎后来受到"明治维新"志士的崇拜，他的英勇事迹鼓舞人们坚持武力倒幕斗争，后来被推崇为"民权的开宗"。在以后的起义中，很多人打起了洗心洞和大盐的名号，至此德成家齐心力交瘁，退位给十二代将军德川家庆。1841年，亲政的德川家庆重用老中水野忠邦，开始了"天保改革"。水野忠邦跟松平定信实行的政策是一样的，鼓励耕种，限制商业，提倡节约，他的创新政策是"人返法"即禁止农村人口流入城市，还把城市里的贫民赶到农村去。这种方法让小民们万分痛恨，水野忠邦只好下台收场，天保改革宣告失败。

延伸思考 江户时代的三场改革起到了什么作用？

时间轴 1716—1841 年

1716 年	八代将军德川吉宗继位，享保改革开始
1745 年	德川家重启"侧用人制度"
1762 年	德川家治继任，田沼时代开始
1787—1793 年	松平贵信与"宽政改革"
1793 年	松平贵信辞职
1830—1836 年	天保年间发生大饥荒
1837 年	大盐平八郎起义
1841 年	水野忠邦进行天保改革

强藩的出现

　　幕府曾经担忧西南诸藩通过西洋贸易壮大实力而给自己带来威胁，然而事实证明这种担心很有必要。在幕府日薄西山，越过越穷时，西南四强藩突然崛起。这四大家族是萨摩岛津氏、长州毛利氏、土佐山内氏和肥前锅岛氏。

四大家族如何发家

　　岛津氏是一个很古老的家族，战国末期几乎一统九州，然而在丰臣秀吉和德川家康的时代，几代家主费尽心机才保住了西南端的这片贫瘠的土地。萨摩国土地很贫瘠，文明程度也很落后，经济非常拮据，参觐交代制对于地理位置最远的他们也是一种沉重的负担。作为新任家主，岛津重豪一继任就开始改革，因为萨摩国的情况太糟糕，全藩面临破产。全藩每年收入大约十五万两，可是各种借款已经高达五百万，连利息都已经超过年收入了。

　　新家主重设藩学进士馆和医学馆，瞒着幕府研究兰学。通过这些举措让他选拔出很多有才学的中下级武士，他们学有所成，反哺岛津氏，其中最出名的人物叫作调所广乡（又称调所笑左卫门）。调所广乡在 1827 年出任大目付一职，掌握了藩内实权，他以强权威逼债权人

▲ 出岛的荷兰人使用望远镜

把五百万债务改成分期二百五十年，条件是给债权人三都豪商萨摩国特产品专卖权，并且许可藩内商人继承武士家业。

同时，家主调所广乡扩大经济作物的种植面积，垄断藩内砂糖贸易，对外增加琉球和中国的贸易额，多管齐下，逐渐恢复了萨摩国的经济元气。这期间，幕府查知萨摩藩的秘密贸易，调所广乡承担了责任，切腹自尽。岛津重豪并没有因此缩手缩脚，他不但一直延续种种政策，还加大了引进西洋先进

▲ 毛利敬亲

武器的力度，整顿军备，在幕府走向末日时，成为生机勃勃雄霸西海的力量。

长州的情况比萨摩要好一些。长州藩属于毛利氏，本身扼守内海的出海口，贸易很活跃。长州藩还对"长州四白"（米、盐、蜡、纸）等特产品实行专卖制。由于这些专卖品的价格被压得很低，种植相关作物的农民在 1837 年发动了持续三个月的大暴动。藩主毛利敬亲一看局势无法控制，于是启用了中级武士村田清风，开始改革。村田清风为了安抚中下级武士，宣布藩政府将以分期的方式代偿其一切债务；为了缓和与农民和贫民之间的矛盾，他放宽了专卖品的限制，同时允许棉花和棉布自由流通，还免除了新垦荒地的年贡，做出了让步。这些措施很快恢复了藩内秩序，财政也得到了改善。村田清风进一步改革藩内政策，提拔有才学的中下级武士，鼓励兰学发展，购入西洋新武器，强化了军事力量，并在他的主持下，长州很快成为西南强藩之一。

土佐高知的山内藩、肥前佐贺的锅岛藩也进行了类似的改革，大多取得了明显的进展，与之形成鲜明对比的是幕府天保改革再一次失败。西南雄藩崛起，江户幕府摇摇欲坠，西洋列强就在这时闯入了闭关锁国已两百余年的日本。

维新精英的摇篮：兰学的发展

相对于其他国家，闭关锁国的幕府却对明确宣称不会宣传天主教的荷兰网开一面，这给日本近代科学的发展留下了一线生机。经荷兰人传入日本的学术、文

化、技术的总称就是"兰学"。

18 世纪中叶，日本一些通事（翻译）人员在与荷兰商人接触的过程中，吸收了近代西方科学知识。幕府将军德川吉宗奖励实学，派人学习荷兰语和自然科学，这时期出现了很多医学和语言著作。例如《荷兰本草和解》《脏志》《荷兰文字略考》《西洋纪闻》等，还有许多荷译的他国著作也得以

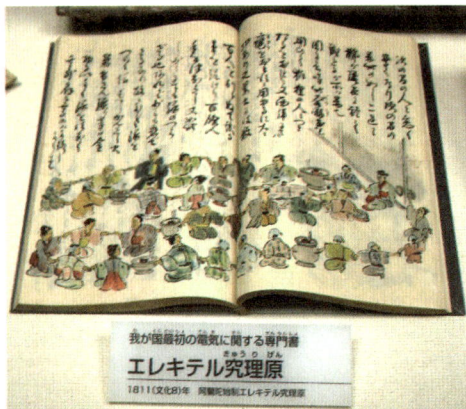

▲ 日本第一本电学著作，1811 年

传到日本，如德国《解体（解剖）新书》附图谱共 5 卷，传入日本后，引起了日本科学的诸多革新。

其他方面的著作如《华夷通商考》《大日本沿海舆地全图》《天地二球用法》等，都是日本文化受荷兰所传入西方近代科学影响的作品。1811 年，幕府在江户设立洋书翻译局，"明治维新"前最大的翻译著作是法国的《日用百科辞书》（荷译本）。1822 年，德国医生在日本开设了"鸣龙塾"，传授西医并进行临床指导。

由于近代科学在日本的传播，日本在吉宗时期"形而上"的学问之争已被客观的经验主义和实证主义所取代，经世济民的学问成为文化的焦点。兰学奠定了医学、天文学、数学、地理学、物理学、化学在日本的发展基础，对闭关锁国政策造成了一定程度上的冲击，为"明治维新"培养了大批人才。兰学的发展使日本人的视野转向西方，近代科学发展踏上了崭新的历程。

延伸思考 为什么幕府改革屡屡失败，而西南各藩却能纷纷改革成功呢？

时间轴 1811—1837 年

1811 年	幕府在江户设立洋书翻译局
1827 年	调所广乡任萨摩藩大目付，开始改革
1837 年	村田清风被长州藩任用，主持藩内改革

黑船来航

1853 年，美国东印度舰队司令佩里将军率领舰队经中国上海驶入日本江户，递交国书，要求日本政府改变锁国政策，与美国缔结友好通商条约，此事震动日本朝野，由于美国军舰船体为黑色又冒黑烟，于是此事件被称为"黑船来航"。第二年，佩里再次来到日本，代表美国与日本签订了《日美亲善条约》，又称《神奈川条约》，锁国两百多年的大门由此打开。

尊攘派的崛起

日本近代著名思想家福泽谕吉写道："美国人跨海而来，仿佛在我国人民的心头上燃起了一把烈火，这把烈火一经燃烧起来便不会熄灭。"黑船来航时，德川家庆病重，掌握实权的是首席老中阿部正弘，对于这件震动朝野的大事，他一改幕府过去独断专行的态度，不但向幕府的中高层各级官员和各藩大名通报了情况，还派特使去京都觐见天皇，请求朝廷的宣谕。这一举动使强藩得以参与幕政，也让毫无权力的朝廷公卿开始出现在政治舞台上，幕府长久的和平结束了。思想上

▲ 阿部正弘

▲ "樱田门外之变"

的动乱才刚刚开始，各种学说便纷至沓来。众人面对国家危机，总的来说分成两派：或攘夷，或开国。

这期间，英、俄、荷等国继美国之后陆续和幕府签订所谓的亲善条约。1858年，中国第二次鸦片战争后，美国人胃口大增，提出让日本开放神奈川、长崎、新泻、兵库四港和江户、大阪，并且要求领事裁判权以及关税需协商决定等要求。幕府新任大老井伊直弼慌张之下在没有得到朝廷"敕许"的情况下便签订了新条约，使江户幕府成为众矢之的。

尊攘派思想家吉田松阴对此愤然斥责，尊攘派的思想主流从尊奉天皇而不反对幕府，变成了打倒幕府，尊奉天皇，抵抗侵略，与外国人平等建交。

从此，日本国内的"开国"和"攘夷"之争，又增添了是否倒幕的斗争思潮。倾向开国派思想的井伊直弼又继续与荷兰、俄国、英国、法国缔结了内容相近的条约，史称"安政五国条约"，这激怒了尊攘派，最终引发了"安政大狱"事件。安

▲ 吉田松阴肖像

政大狱事件是幕府对尊攘派的暴力镇压，朝廷公卿、幕臣、大名、大批志士遭到不同程度的迫害，尊攘派精神领袖吉田松阴在 1859 年被处斩。吉田松阴就刑后，木户孝允和伊藤博文等学生为其收尸，明治十五年（1882），在其墓边建立松阴神社，后被追封正四位。

井伊直弼也因为对尊攘派的屠杀，引来了杀身之祸，他在"樱田门外之变"中被刺身亡，使幕府不得不做出让步，而藩主们也收敛了态度，双方有所缓和，公家和武家联手应对乱局，所谓"公武合体"。这种变化引起了中下级武士的不满，尊攘派分裂为两个阵营，举起尊攘派大旗，决定以武力推翻幕府的是西国的长州毛利藩和萨摩岛津藩。

1863 年，幕府德川家茂将军觐见天皇，正式宣布攘夷，即赶走外国人，恢复幕府的锁国制度。5 月，日本向

▲ 井伊直弼

美、法、荷等国商队和军舰开炮，英法两国全面反击，首先动手的长州藩损失惨重，其次是萨摩藩。这次战争改变了大久保利通等尊攘派的思想，他们开始从支持锁国，转向于开国。

根据"安政条约"，日本于 1859 年开港，对外贸易迅速增长。如生丝、茶、蚕种、棉花等原料大量出口，引起价格上涨，各地丝织业因为原料不足难以维持营业致使黄金外流，米、麦、盐等必需品价格纷纷上涨，农民和城市贫民以及下级武士的生活日益艰难。廉价工业品的输入，打击了日本国内的相关产业发展。幕府统治者克扣禄米，致使原本属于特权阶级的下级武士们无法维持生活，或从事商业，或沦为浪人，他们在幕藩体制内已经找不到出路，和农民一样开始希望从社会变革中得到生机。

倒幕运动与维新三杰

文久三年（1863 年）八月十八日，佐幕势力发动政变，剥夺了大批尊攘派公卿的职务，将尊攘派从京都清除出去，以便完成他们"公武合体"的理念。"七公卿"落难，逃亡长州，史称"文久政变"，又称"八月十八日政变"。

以长州藩为代表的比较激进的尊攘派想挟持天皇，讨伐江户幕府。事泄之后，长州藩尊攘派的活动转为公开，即使藩内思想斗争激烈，最终仍然明确打出尊王倒幕的旗帜，而"禁门之变"后，长州军因为准备不充分，敌我力量过于悬殊，全面溃败，藩内尊攘势力几乎被扫荡一空。幕府传令诸侯讨伐长州藩，1864年讨伐军的第一次征战以长州的谢罪不战而胜。

一直反对长州兵盲目行动的中下级武士出身的高杉晋作提出"武力恭顺"的主张，希望能以表面上的屈服，换来积蓄力量的机会，不料却被投降幕府的俗论派镇压清洗。他在十二月策划了下关功山寺起义，横扫整个长州，清除了俗论派，夺回了长州政权。与此同时，萨摩藩以西乡隆盛和大久保利通为首的激进派逐渐取得了政权，走向倒幕。通过改革增强了经济和军事力量，成为倒幕派的新据点。高杉晋作与维新三杰（木户孝允、大久保利通、西乡隆盛）成为倒幕运动的领导者。

▲ 大政奉还图

这时，一个叫坂本龙马的人找上了门。在他的说服下，长州和萨摩，这两个最大的尊攘派基地联合起来。1865 年，长州重臣桂小五郎（木户孝允）和萨摩藩西乡隆盛在京都会面，签署了共同进退的同盟协议。而幕府在看到高杉晋作的"功山寺起义"后，在1866年六月发动了第二次"征长战争"。在这次战争中，幕府军大败，颜面扫地，第十五代将军德川庆喜继任。

1867年，孝明天皇之子登基，十二月，坚定的攘夷论也是佐幕派孝明天皇驾崩，其子继位一年后将年号改为明治，称明治天皇。当时掌握朝政的是炽仁亲王，在他的运作下，朝廷下诏赦免以前被放逐的大批公卿，这些人重新回到朝堂，与倒幕派公卿岩仓具视、萨、长势力联手，准备推翻幕府统治。他们表面上是要恢复古代天皇制，也就是说在天皇和百姓之

▲ 德川庆喜

间不再有武家的幕府，但实际上想要建立一个近代西式的君主立宪国家。

在朝廷的支持下，倒幕势力马上就要行动，土佐藩的山内容堂带着坂本龙马所提出的"大政奉还"出现了。山内容堂宣扬现有统治权应该交还给天皇朝廷，天皇制定了一个以幕府将军为议长，包括各地雄藩大名在内的"列侯会议"。这套政策被看作变相的"公武合体"，还被幕府当成了救命稻草。庆应三年（1867年）十月，幕府将军德川庆喜宣布"大政奉还"，即将天下大政奉还朝廷，政令从此由朝廷发布，使武装倒幕失去了借口。十二月，坂本龙马遭到暗杀，当即死亡。

维新三杰之坂本龙马

坂本龙马出身很低，原本是土佐藩的乡士，后来两次脱藩成为维新志

> **历史拓展**
>
> 脱藩指日本江户时代的武士从藩中脱离而成为浪人的行为。当时脱藩是犯重罪，不但本人要被处死，还会牵连家族。日本历史中有名的脱藩者有长州藩的吉田松阴、土佐藩的坂本龙马与中冈慎太郎等。

士，著名的"船中八策"成为新日本的政治纲领。在他的斡旋下，当时的四大强藩（会津藩、萨摩藩、长州藩、土佐藩）结成了萨长联盟、土长联盟，完成了倒幕势力的集结。他目光长远，看重大局，认为只要爆发内战，都是日本的失败，他极力促成倒幕联盟，借此希望幕府将军能"大政奉还"，超越权力之争。

坂本龙马死后几十年，忽然大名传播天下，甚至蜚声海外，并深受各阶层人士的爱戴。百姓认为他是拯救日本的平民英雄；资产者认为他是近代日本商业的始祖；民主派认为他是民主先驱；保守派认为他是尊皇的忠臣；军国主义者认为他是帝国海军的保护神。

▲ 坂本龙马（1866 年）

幕府的晚钟：戊辰战争

庆应三年（1867 年）十二月，朝廷下令"王政复古令"，改组政府，小御所召开会议，最终决定撤销传统的关白和各种养老令官职，以炽仁亲王为总裁，公卿中山忠能、三条实爱以及大名松平庆永、山内容堂等人为议定，组成新的政

▲ 鸟羽之战场影景图

府，岩仓具视、后藤象二郎、西乡隆盛、大久保利通等人则担任参与，负责具体事务。对于幕府，最终决定其辞官纳地，即要求德川氏辞去世袭的征夷大将军职务和朝廷所授予的官职，同时交出所有幕府直辖地，等候新政府裁处。

幕府自然不肯束手待毙。交出直辖领地的话，旗本武士就没了出路。于是，幕臣们开始作乱。次年正月，幕府发布"讨萨令"，命令各藩出兵，讨伐萨摩藩，幕府军经鸟羽街道北上进攻京都，被称为鸟羽、伏见之战，仅仅四天就以幕府军大败而告终，新政府直接宣布将幕府的领地划归朝廷直辖，并发兵讨伐江户幕

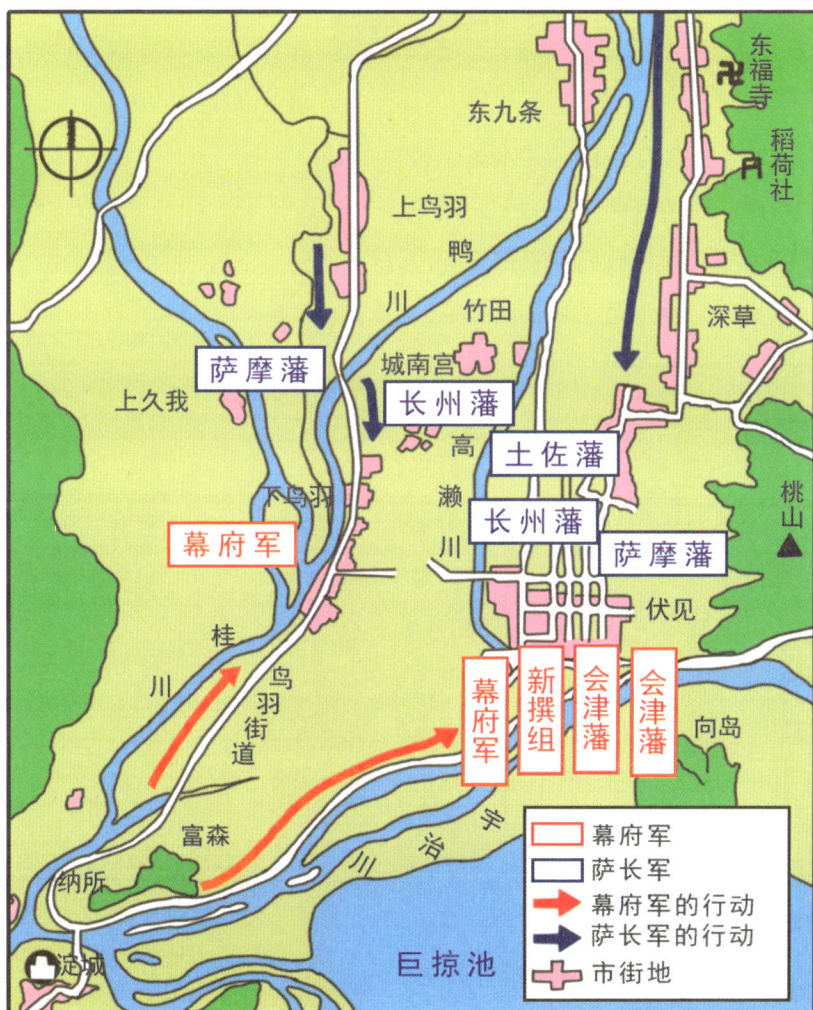

▲ 鸟羽、伏见战役

▲ 戊辰战争中萨摩藩藩士

府。兵临城下，在胜麟太郎海舟的争取下，"江户无血开城"，胜海舟也因此名垂青史。

新政府军接收江户，德川庆喜被幽禁，德川家达继承德川家。至此，德川幕府名实俱亡。当年九月，天皇改元明治。因此年农历是戊辰年，倒幕战争在这一年全面爆发，史称"戊辰战争"。

新政府军占领江户城，并不是戊辰战争的结束，原本以萨、长、土、肥等西南藩阀为核心的新政府在京都成立可以说是大局已定。但是，日本东部的诸侯与大权在握的西南藩主之间的矛盾，让新成立的明治政府充满变数。戊辰战争，完成了推翻幕府封建统治，为日本实行一系列的资产阶级改革准备了条件，从根本上瓦解公议政体派势力，击溃旧幕府及其残余势力。英法等国承认新政府是日本唯一合法政府。这场革命内战为日本建立统一的近代现代化国家奠定了基础，把日本从半殖民地化的危机中挽救了出来，为日本建立民族独立国家创造了有利条件。

延伸思考 **?** 西南强藩成为倒幕运动的根据地的原因是什么？

时间轴 1853—1868 年

1853 年	美国人打开了日本闭关锁国的大门
1854 年	美国与日本签订《日美亲善条约》，又称《神奈川条约》，两百多年闭关锁国的大门由此打开
1858 年 1859 年	日本签订"安政五国条约"按照条约，日本开放相关港口
1863 年 8 月 18 日	佐幕派发动文久政变
1866 年	第二次征长战争开始
1867 年	明治天皇（后称）继位，德川庆喜宣布大政奉还；"王政复古"，改组政府
1868 年	全面倒幕战争开始，幕府统治结束

第十一章

明治维新后的日本

　　日本在"明治维新"后，迅速建立起新的资本主义国家统治秩序，取得资本主义改革的成功。之后，走上资本主义道路的日本发动了一系列侵略战争，中日甲午战争、日俄战争，吞并朝鲜以及参加第一次世界大战，掠夺的快感刺激了他们的野心，军国主义和法西斯主义得以在日本迅速繁衍。

明治维新

19 世纪 60 年代的日本，在西方资本主义国家工业文明的冲击下，进行了近代亚洲唯一取得成功的资本主义改革，这就是"明治维新"运动。1868 年，天皇将年号改为明治，并规定一代天皇只有一个年号，即"一世一元"制。

"五条誓文"和《政体书》

以天皇为首的新政府，在打倒德川幕府后进行了改革。1868 年 4 月，明治天皇率领公卿、诸侯以及文武百官向"天神地祇"宣誓了《五条誓文》即新政府的施政纲领。

6 月，明治政府公布《政体书》，形式上采取了西方资产阶级民主政体"三权分立"。地方上，政府的直辖领地设置京都、大阪、江户府县，各藩与府县并列，成为府藩县三治制。至此，新政权的全国性统一组织准备就绪，明治政权代替了幕藩专制领主的统治，体现了君主和官僚构成的中央集权统一国家原则。1868 年 4 月，江户改称东京，1869 年 3 月，东京被定为日本首都。

▲ 明治天皇肖像

结束割据：版籍奉还

版籍奉还是明治政府于 1869 年 6 月所实施的一项中央集权政策。1868 年，明治政府制定了"藩治职制"。所谓藩治职制，是将藩政和藩主家政分开，废止门阀世袭的家老制度，新设执政、参政、公议人等职，从下级武士中选拔担

```
                    太政官（总理大臣）
         ┌───────────────┼───────────────┐
      议政（立法）          行政              刑法（司法）
      ┌───┬───┐   ┌───┬───┬───┬───┬───┐   ┌───┬───┬───┐
      上   下   行   神   会   军   外   民   检   裁   警
      局   局   政   社   计   务   国   部   察   判   察
      ：   ：
      议   贡
      员   士
      组   组
      成   成
```

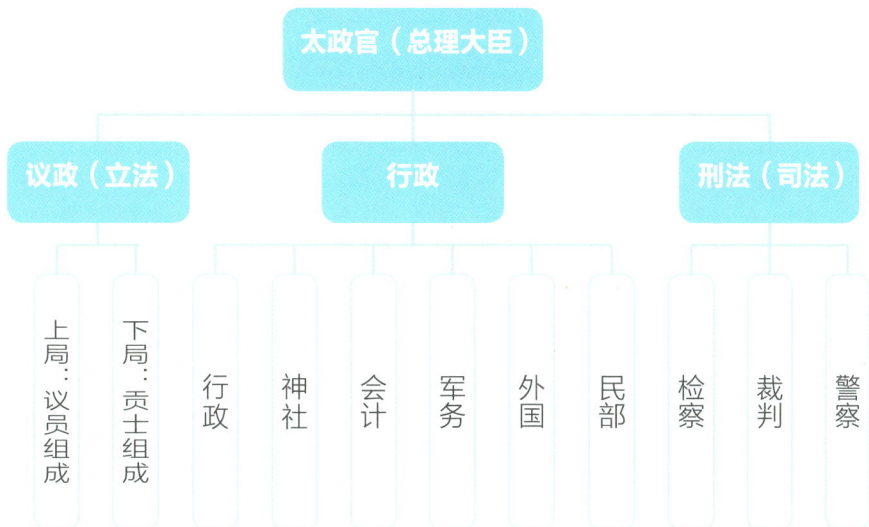

任。执政遵奉朝命，辅佐藩主；公议人代表藩地主张，任公议所的议事员。这项措施加强了明治政府对各藩的控制，但仍没有改变地方割据的局面，农民为了反对重重剥削，不断爆发起义。

在木户孝允和大久保利通的策划下，萨、长、土、肥四藩的藩主提出"奉还版籍"的建议（"版"指土地，"籍"指户籍、人口），即诸侯交出对土地和人民的封建领有权。之后，两百多藩主陆续提出申请。1869 年 6 月，明治政府批准收回各藩的版籍，并将旧藩主任命为藩知事，剥夺了他们对土地和人民的领有权，并废除大名和公卿

▲ 对抗明治天皇的仙台藩主伊达庆邦

的称号，废除藩主与家臣的主从关系。"版籍奉还"以和平的方式将领主制全面废除，结束了日本数百年来各藩封建割据的局面，为建立资产阶级中央集权国家创造了先决条件。

历史拓展 ●

《五条誓文》的内容为：广兴会议，万机决于於公论；上下一心，盛行经纶；官武一途以至庶民，各遂其志，人心不倦破旧有之陋习，基于天地之公道；求知识于世界，大振皇基。

▲ 日本海军第一艘铁甲舰

改革的完成：废藩置县

为了划一藩政，加强监督，1870 年 9 月，明治政府公布了藩政改革刚要——《藩制》。这项改革受到士族的激烈反对，新政府以兵力镇压了暴动，难以为继的小藩们主动提出废藩置县。1871 年 6 月，西乡隆盛改组政府；7 月，木户孝允再次改组政府，并宣布了废藩置县的诏书。最终，全国废除 260 余藩，划为 1 都 3 府 302 县（同年 11 月合并为 3 府 72 县，1888 年合并为 3 府 42 县）；免去藩知事的官职，由中央政府任命府知事和县令。

废藩置县的成功，标志着日本资产阶级革命基本完成，为日本成为中央集权国家奠定了基础。

废除特权：四民平等

明治政府对等级身份制度进行了改革，推行"四民平等"，即废除原有的"士、农、工、商"等级制度，公卿贵族改为"华族"，一般武士、家臣、藩士改成"士族"；其他农工商、僧侣、神官以及旧有的贱民统称"平民"。"四民平等"制度下，平民可自由选择职业，也可自由迁徙，武士的"格杀勿论"特权被废除，不做官的华族、士族也被允许经商。

针对德川时代留下的庞大武士阶级，明治政府采取了不同的措施，逐渐废除了俸禄

▲ 1879 年 6 月 7 日的朝野新闻

制度。尤其《金禄公债条例》的颁布，买断了封建俸禄制度，使得华族和少数士族成为大资本家，大多数中下级士族转变为小生产者佃户等，一小部分武士成为官吏、教师、军人等公职人员。

▲ 1871 年成立的东京炮兵工厂

维新政策的三驾马车

"殖产兴业、文明开化、富国强兵"是明治维新政策法令的三驾马车。所谓"殖产兴业"主要是学习和引进西方的先进文化技术，"文明开化"则是引入西方的先进思想，最终的目标是"富国强兵"。

1870 年，日本成立工部省和内务省，作为推行殖产兴业的领导机关，首先废除各地关卡，建设铁路，发展航运、邮政、电报电话等近代交通和通讯事业，并接管了幕府和各藩的工矿企业，形成国有企业体系。同时引进西方先进的技术和设备，鼓励创办新式近代企业，推行劝农政策，使大批封建武士从事农垦。1880 年，明治政府发布"官业下放令"，扶植和保护私人资本，将军工、铸币、通信、铁道、印刷等特殊部门以外的官营企业廉价处理给私人资本，形成了三井、三菱、川崎、古河等特权大资本家。工业革命的热潮从 19 世纪 80 年代开始席卷了日本，以短短 15 年的时间改变了工业落后的面貌，初步实现了资本主义工业化，为达到民族独立和产业革命新阶段奠定了基础。

文明开化的核心是"脱亚入欧"，

历史拓展

"脱亚入欧"的这个口号是日本近代思想家福泽谕吉提出的，其中心思想为"全面西化"。对于东亚邻国，福泽谕吉认定东方文明必败，他认为甲午战争是文明与野蛮之间的战争。《脱亚论》则被认为是日本思想界对亚洲的"绝交书"。日本曾模仿中国唐朝都城长安建造了奈良，明治时期，日本又仿照欧美街市，在东京银座建起了西化一条街，之后在经济和政治上完成了"脱亚入欧"。

▲ 鹿鸣馆外交

日本民族不再像先祖那样盯着东方大国，而是把视线转向西方各国，除了先进的文化技术，还摒弃了诸多传统，一度沉迷于西式生活方式。他们剪掉了武士发结，穿和服或西服，住洋房，吃西餐。1872 年 9 月，日本文部省颁布了教育改革法令《学制》，原则是义务教育和普及科学。各府县按学区设初高等小学，完成四年制初小教育被规定为国民义务，课时中的一半内容都属于自然科学。1877 年 4 月，原工部省所设工学寮与东京开成学校、东京医学校合并建立了东京大学，设法、理、文、医四个学院，这是东京帝国大学的前身，具有浓厚的帝国主义色彩和军国主义特质，被视为日本最高学府。"二战"后，为消除军国主义思想，该校更名为"东京大学"。

延伸思考 日本现代行政区划是怎样的？

时间轴 1868—1880 年

1868年4月	新政府发表《五条誓文》，江户改称东京
1868年6月	公布新政府《政体书》
1868年10月	天皇改年号"明治"
1869年3月	东京成为日本首都
1869年6月	实行"奉还版籍"
1870年9月	实行废藩置县
1872年9月	颁布《学制》改革法令，全国实行义务教育
1880年	"官业下放令"，扶植私人资本

最后的武士西乡隆盛

西乡隆盛出身萨摩藩的一个下级武士家庭，他是倒幕运动的骨干，"维新三杰"之一。西乡隆盛在推翻德川幕府统治，建立明治新政府上起着重要作用，也是新政府成立后的实权人物之一。

政见不和：下野回乡

1870 年，因为与大久保利通等人的政治分歧，西乡隆盛辞职回到家乡萨摩（今鹿儿岛县），成为藩大参事，参与藩政改革。之后，应岩仓具视和大久保利通的请求，再次到东京任职，于 1872 年任近卫都督，领元帅衔，成为明治政府的主要军事领导人。

1873 年，面对国内暴动不断、资源匮乏、市场狭小的现状，西乡隆盛等人提出出征朝鲜，以武力征服朝鲜，以此为在改革中失去特权的旧武士谋取生计，缓解国内压力。这项提议遭到了主张先整顿内政、暂缓对外的岩仓具视、大久保利通等人的反对。为此，西乡隆盛再次辞职返回家乡萨摩，在当地创办了私立军事政治学校，把游手好闲的武士子弟们编入学籍，进行约束。这所学校以"敬天爱人"为校训，宣扬忠于皇室和爱民思想，开设了传统课程如佛学、孙子、左传等，也讲授西方科学，还派优秀学生留学国外。

▲ 西乡隆盛书法"敬天爱人"

无力回天的西南战争

随着"明治维新"的进行，废刀令和废除俸禄制给武士生活带来了巨大落差，各地武士叛乱不断。西乡隆盛始终是下层武士的代表，因此被旧萨摩藩的藩

▲ 西乡隆盛塑像

士们推举为首领，开始了与他所倾力建立的明治政府为敌的战争。

明治政府对有着较高威望的西乡隆盛十分忧虑，担心他会组织起强大的军队成为叛军。双方一直摩擦不断，引得萨摩局面一片混乱。1877 年，西乡隆盛终于率领 5 万各地前来的军队进攻明治政府，双方在熊本城发生激烈交战。大势之下，即使西乡隆盛也无力回天，这场在历史上称为"西南战争"的叛乱就此结束。这场叛乱虽然对抗的是政府，但并非违背日本传统义理，也不是分裂国家的反叛。明治天皇在 1889 年《大日本帝国宪法》颁布时，对西乡隆盛进行了赦免，还追赠其被剥夺的正三位官衔。1898 年，东京的上野公园，为西乡隆盛竖立了一座铜像。这座铜像造型亲和，整体表现为一位身材微胖的大叔，踩着木屐，牵着猎犬，就像清晨出门遛狗的普通邻居。

通过"西南战争"，下级士族的叛乱彻底失败，曾经的倒幕派各个阶级陆续向明治政府做出了妥协，权力集中在了天皇手中，且为"废藩置县"扫清了障碍。明治政府把军队的控制权从地方的藩国手中收回，逐步建立起一支隶属于国家、军国思想浓厚的军队，成为后来日本对外发动侵略战争的主力。

时间轴 1870—1889 年

1870 年	西乡隆盛辞职回乡
1872 年	西乡隆盛回到东京任近卫都督
1873 年	政见不和，西乡隆盛辞职下野
1877 年	发动西南战争
1889 年	明治政府对西乡隆盛进行赦免

延伸思考 西南战争的意义是什么？

东洋俾斯麦——大久保利通

提到日本的"明治维新",不得不提及被誉为"东洋俾斯麦"的第一政治家大久保利通。他同西乡隆盛、坂本龙马一起被称为"维新三杰",曾出使欧美,回国后推行强力的改革措施,可以说是大久保利通一手造就了日本"明治维新"的成功。

岩仓使节团的派遣

面对与欧美列强签订的不平等条约,明治政府明知会伤害民族独立和工商业发展,却毫无对策。虽然在政治上仿效欧美的三权分立,建立了初步政治组织架构,但怎样建设一个近代化的国家,仍然是日本政府急需解决的问题。

1871年10月,明治政府派遣使节团赴欧美访问,这次访问以协商恢复关税自主权、废除各国领事裁判权为目的,其次就是考察欧美各国先进的政治经济文化制度,为日本近代化发展寻找新思路。大久保利通就在此次使节团中,他和西乡隆盛一样,出身萨摩藩的一个下级武士家庭。他受藩主岛津齐彬重用,成为改革派的中坚人物,后来因在萨摩抗击

▲ 岩仓使节团成员（左起：木户孝允、山口尚芳、岩仓具视、伊藤博文、大久保利通）

英国侵略军的战争中担任指挥官而名声大震，成为倒幕派的领导人。更与西乡隆盛、木户孝允、岩仓具视等人发动"王政复古"政变，推翻了德川幕府的统治，建立明治新政府，成为主要领导人。

1872 年 2 月，日本使节团到达华盛顿，与美国、英国就关税及相关问题提出协商，结果却屡屡碰壁，使节团只好将注意力放在考察和访问上。他们先后对 12 个国家进行了访问，接触了各国首脑、官员以及各阶层人民，并对政府机构、议会、法院、公司、交易所、工厂、农牧场、兵营、学校等各机构的运作进行了考察，加深了对西方国家的认识，深刻体会到了现阶段日本与西方国家的差距。大久保利通觉悟到"要想在这个世界上独立建国，必须富国强兵；而要富强，则务必从殖产兴业下手，并切实谋求进步发达。"

有世界工厂之称的英国和铁血强兵的德国，尤其给大久保利通留下了深刻的印象，他将二者视为富国强兵的典范。1873 年，使节团结束访问，回到日本。如此长时间、高级别的出访在世界历史上也都是极其罕见的。大久保利通从此结束了迷惘而保守的思想状态，积极引进西方先进制度和技术，成为殖产兴业政策的主要推动者。

大久保利通铁腕政策

出使欧美回归后，思想发生剧烈变化的大久保利通等人和留守国内的保守派之间产生了更大的矛盾，集中表现在"征韩论"的讨论上。以岩仓具视、大久保利通、木户孝允为主的内治派大臣明确反对征韩，他们认为目前征韩不是最佳时机，日本的国力还不足以支撑对外战争，主张"内治优先"。大久保利通更是以七条理由对征韩论进行一一批驳，他认为"整顿国政，富国文明之进步，乃燃眉之课题"。最终，西乡隆盛下野，内治派全面胜利，建立了以

▲ 大久保利通

▲ 征韩议论图（西乡隆盛坐于中央）

三条实美为太政大臣、岩仓具视为右大臣、大久保利通为参议兼内务卿的专政体制。

由于内务省有各级官员的任免权，可以说此时的大久保利通在明治天皇支持下，掌握了日本政府的大权，他以铁腕政策积极对日本的社会和经济体制进行改革，大力推行"富国强兵、殖业兴国、文明开化"的三大政策。这些政策效果显著，却引发了失去特权的尤其是武士阶级的不满，国内叛乱不断发生，不过却先后被暴力镇压。

大久保利通的铁血体现在他奉行简单的"拿来主义"套路，凡是阻碍变革的因素一律被否定和清除，很多政见不同的官员被排除出中央政府，一切反对活动都被无情镇压。这种过于激进的措施给维新留下了不少隐患，也加剧了社会矛盾。这位号称东洋俾斯麦的政治家当然并非和平主义者，当年反对征韩也只是认为时机不对。实际上，1872 年，日本侵吞琉球，之后侵犯中国台湾，侵略朝鲜，以及就割让台湾岛问题迫使清廷交付赔款，都显示了他对外政策的侵略扩张性。

1878 年 5 月，这位有着"铁血宰相"之称的大久保利通遇刺身亡，时年 49 岁。明治天皇为其举办了维新以来第一场国葬，并追封右大臣，正二位。大久保利通的铁血政权为日本走军国主义道路埋下了伏笔，他所拟定的改革之路被后人所延续，最终使日本摆脱西方国家殖民危机并成功进行了资产阶级改革。

延伸思考　大久保利通如何转变了思想，并体现在什么地方？

时间轴 1871—1878 年

1871 年　大久保利通随日本使节团访问欧美

1873 年　大久保利通回到日本，引发"征韩论"

1878 年　大久保利通遇刺身亡

日本企业之父涩泽荣一

日本明治维新运动的目的是仿效西方各国，建立起一个具有近代工业和经济体系的资本主义国家。许多商人和豪农在本次政治运动的支持下，创立了许多直到现代仍然具有强大生命力和影响力的企业。涩泽荣一是明治时期最具代表性的实业家，他被称为"日本企业之父""日本资本主义之父""儒家资本主义的代表"，他还是日本现代企业制度株式会社的创始人。

▲ 涩泽荣一

弃政从商

涩泽荣一，出身豪农家庭，从小接受了严格的儒家教育，曾经参加过尊王攘夷运动。1867 年，他在巴黎世博会期间深入了解了西方工业，并向法国银行家求教，对银行、铁路、股份公司、有价证券交易所有了深刻的理解。后来，他又去欧洲各国进行了长时间的旅行访问。这些见闻与学习都为他之后创建日本诸多

▲ 日本国士馆大学创建者合影（前排左三为涩泽荣一）

企业打下了坚实的基础。1868 年，涩泽荣一回到日本，这时的日本政府所制定的三大政策让他感受到明治政府对资本主义产业的支持，工商业转变的最好契机已经到来。他在大藏省（财政部）任职期间，积极参与了货币和税收改革，后来因与大久保利通政见不和，弃政从商。

1871 年，涩泽荣一创办了日本第一所民间集资的股份制商业银行——第一国立银行（银行一词正是由他发明）；后来他又创办了大阪纺织公司，成为日本实业界的霸主。涩泽荣一的资本渗入到诸多重要经济部门，如铁路、轮船、渔业、印刷、钢铁、煤电气、炼油和采矿等，一生创办了 500 多家企业，为日本资本主义经济发展留下了雄厚的遗产。

▲ 弓术是德川庆喜晚年的嗜好

论语与经商

涩泽荣一的经营理念是"利义结合"，他将《论语》作为经营哲学，认为孔子并不反对正常的赢利活动，孔子反对的是不择手段的牟取利益。他在晚年的著作《论语与算盘》中提出"士魂商才"的概念，认为一个成功的商人应该既讲精打细算赚钱之术，也讲儒家的忠恕之道，这就是他所坚持的"经济道德合一论"。

除了建立自己庞大的企业帝国，涩泽荣一还致力于实业教育，创立了东京女学馆、日本女子大学。他的著作除了《论语与算盘》，还有早期的《立会略则》，此书是当时创办股份制企业的行动指南，因为受到政府高度重视，以官方名义印制，所以也是当时最有权威的一本书。涩泽荣一曾经是幕府末代将军德川庆喜的家臣，在德川庆喜退位后，他一直在经济上进行援助，为了彰显德川庆喜的历史功绩，还投巨资编撰了洋洋数百万字的八卷本《德川庆喜公传》。1894 年，中日甲午战争爆发，涩泽荣一等人在各大报刊发出通知，召开支持日本政府对中国开战、筹措军费大会。

延伸思考

大久保利通如何转变了思想，体现在什么地方？

时间轴 1868—1894 年

1868 年	涩泽荣一回到日本，弃政从商
1871 年	涩泽荣一创办了第一家国立银行
1894 年	涩泽荣一支持日本政府对中国开战，筹措军费

日本近代宪政之父伊藤博文

　　日本的政治制度是"二元制"的君主立宪制，这从根本上改变了幕府时期落后的封建统治制度，而这一制度的建立，保证了"明治维新"的成功。从宪法到内阁、议院，这些政治制度都是伊藤博文一手创建的，由此他被称为日本近代宪政之父。

伊藤博文的政治履历

　　伊藤博文曾进入尊攘派创始人吉田松阴所创办的松下村塾学习。1863 年，受长州藩派遣，进入伦

▲ 伊藤博文

伊藤博文的政治简历

时间	职务
1885 年	日本开始内阁制，首任内阁总理大臣兼宫内大臣（1885—1888 年）
1888 年	实行枢密院官制，任枢密院议长
1890 年	第一届国会贵族院议长
1891 年	连任枢密院议长
1892 年	第二次出任总理（1892—1896 年）
1898 年	第三次出任总理，同年辞职
1900 年	第四次出任总理（1900—1901 年）
1903 年	出任枢密院议长
1905 年	设置韩国统监府，首任统监
1909 年	辞统监，第四次出任枢密院议长
1909 年	在哈尔滨火车站被朝鲜爱国人士刺杀身亡

伊藤博文侵略中国与朝鲜

时间	事件
1894 年	伊藤内阁任期内，日本发动甲午战争
1895 年	中日代表李鸿章和伊藤博文签订《马关条约》
1895 年	曾为清廷新政顾问，戊戌政变后离开
1904—1905 年	作为元老，指导日俄战争
1905 年	侵略朝鲜，与朝鲜政府签订《乙巳保护条约》；朝鲜成为日本殖民地

敦大学学习，属于日本"开眼看世界"的第一批人。在英国留学期间，伊藤内阁认识到日本和西方资本主义国家的差距，思想发生了变化。由于他的留学经历，1868 年，被明治政府任命为外国事物交涉员。伊藤内阁主张向欧美各国全面学习，引进各种先进的制度和技术，对日本进行全面改造，"废藩置县"的策略正是由他向木户孝允提出的。

1881 年，"维新三杰"先后去世，此时的伊藤博文成为明治政府的权力中心，他发动了明治十四年政变，成为政界头号人物。在"明治维新"的过程中，对政治制度的探索让日本认识到找寻适合自身的政治体制的重要性，已开始有人提出开设国会、制定宪法的口号。而后，伊藤博文去欧洲考察了英法德宪政制度，最终仿效德国"采众议、享独权"建立了日本的政治制度。从 1885 年

▲ 伊藤博文（左）与长谷川好道（右）准备前往统监府

开始，在伊藤博文主持下，日本废除太政官制，实行内阁制，而他本人成为首任内阁总理大臣。伊藤博文从此成为日本头号政治人物。伊藤博文在 1886 年组织起草日本宪法，1889 年枢密院正式颁布了"大日本帝国宪法"，又称明治宪法。这部宪法无处不体现了伊藤博文的主导思想，从起草到审议、颁布到实

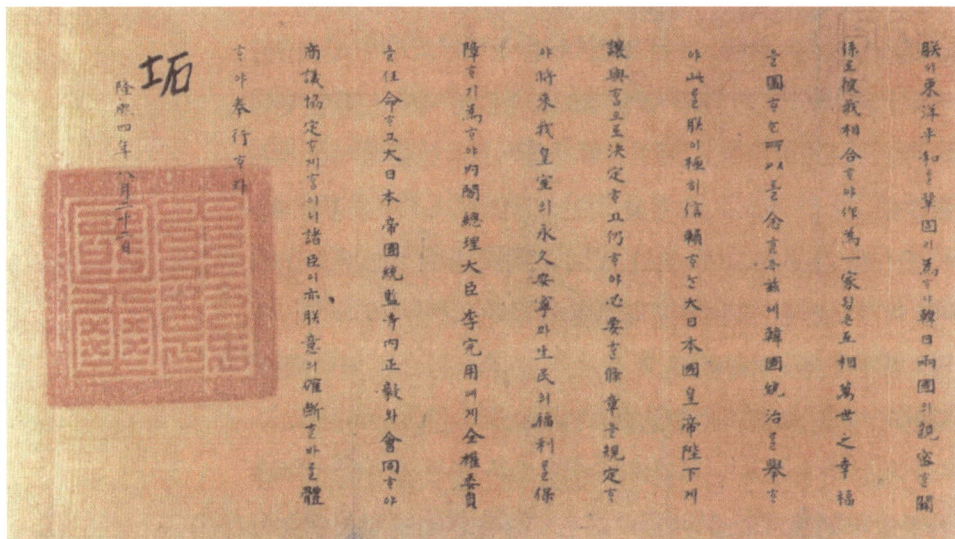

▲ 日韩并合时李完用的全权委任状

施，完全由伊藤博文主持进行，成为对日本最大的贡献之一。

对外侵略：中国和朝鲜

伊藤博文在政期间，积极推行明治政府的对外扩张政策，主要针对中国和朝鲜。1895 年，《马关条约》签订后，日本控制下的朝鲜政府宣布终止与清朝的宗藩关系，并在 1896 年，改称国号"韩"。日俄战争中，俄国战败后，朝鲜成为日本的"保护国"。1910 年，日本迫使大韩帝国签订《日韩合并条约》，吞并朝鲜半岛，将王室封为日本贵族，并禁止教学时使用朝鲜语。1909 年，伊藤博文在哈尔滨与俄国财政大臣会谈时被朝鲜爱国人士刺杀身亡。

时间轴 1868—1894 年

1885 年	日本废除太政官制，实行内阁制，伊藤博文任内阁总理大臣
1889 年	日本颁布大日本帝国宪法，即明治宪法
1894—1895 年	中日甲午战争，签订《马关条约》
1904 年	日俄战争爆发
1905 年	朝鲜成为日本殖民地
1909 年	伊藤博文被刺杀身亡

延伸思考 伊藤博文的对外政策是什么？

维新时期的扩张

　　"明治维新"后的日本走上了全新的资本主义道路，由于国内市场有限、资源匮乏，矛盾此起彼伏，对外扩张成为日本转嫁危机、解决矛盾的最终选择。为此，日本先后发动了中日甲午战争和日俄战争。

中日甲午战争与《马关条约》

　　甲午战争之前的数百年，中日两国在官方层面一直维持着和平友好的关系。进入 20 世纪后，两次鸦片战争的失败，使清朝在东亚失去了震慑力，由一个独立自主的国家沦为半殖民地国家。而日本通过"明治维新"，向西方列强学习，成功地进行了资本主义改革，国力日渐强盛的同时，也开启了对外扩张掠夺资源的脚步。

　　1894 年，借朝鲜平叛的机会，日军不宣而战，袭击清朝运兵船，挑起中日甲午战争。9 月，北洋水师与日本海军在黄海发生激战。在历时五个小时的海战中，北洋水师损失致远、经远、超勇、扬威、广甲五艘军舰，死伤官兵约六百人，其中著名爱国将领林永升、邓世昌在此战中壮烈牺牲。日军五艘军舰受到重创，伤亡人数两百余人。北洋水师在李鸿章的主张下退守威海卫，日本海

▲ 《马关条约》签字时的情景

军掌握了黄海制海权。双方就战果上来看，北洋水师稍逊日军，但由于双方政治宣传目的不同，夸大了双方差距，清政府中的投降主义夸大海战的损失，使士气极度低落，在世界上也造成了不利影响。

▲ 日军屠杀场景

日军继续北上，10月逼近鸭绿江，11月旅顺被日军攻陷，并制造了长达四天三夜惨绝人寰的"旅顺大屠杀"。大屠杀后，日军多方掩盖，企图隐藏罪行，但仍迅速传遍世界，受到世界舆论的普遍谴责。从1894年11月到翌年1月，日军对旅顺被害者尸体进行了清理，在三个地方进行焚尸灭证。第一处为万忠墓的沟下，第二处为修建船坞时的旧窑处，第三处是黄金山东麓。

旅顺失陷后，日军继续向中国内陆推进，1895年占据辽河一线，开始进攻威海卫。2月，威海卫全部陷落，北洋舰队全军覆没。此时日本国力并不足以支撑继续长期作战，争取更多的赔款和割地成为主要目的，然而慈禧太后已陷入日军即将打到北京的想象，终日惶惶，胆战心惊，不顾光绪反对，在丧权辱国的《马关条约》上签了字。

1895年4月，中日签订《马关条约》，5月，中日两国在芝罘（今山东烟台）交换两国皇帝的批准书，条约正式生效。《马关条约》的签订，使日本获得了巨额赔款，成为日本极为重要的建设资金。甲午战争对东亚政局产生了极为深远的影响，日本由此成为东亚霸主。

▲ 陆奥宗光（与伊藤博文一起代表日本政府签订《马关条约》）

▲ 日俄战争

日俄战争与《中俄密约》

日俄战争双方虽然是日本和俄国，但主战场却在中国领土上。日本得到朝鲜控制权后，把中国东北地区视为囊中之物，但此时的中国东北地区仍属于俄国的势力范围，双方矛盾升级，最终在 1904 年爆发了日俄战争。日俄矛盾的起点是《马关条约》中日本对辽东半岛的觊觎，俄国联合德国与法国，迫使日本让出辽东半岛，俄国则借此向清政府敲诈，签订《中俄密约》，攫取更多特权和利益。

俄国趁清朝爆发义和团运动时，以保护中东铁路和侨民的名义，入侵中国东北地区，最终控制了东三省，这与日本的大陆政策互相矛盾，日本提高国内税收，全力扩军，开始备战。此时的远东局势，帝国主义之间形成了不同的利益集团：一是美国支持的英国联盟；另一是德国支持的法俄联盟。

德国在欧洲问题上反对法国，在远东问题上支持俄国，因为山东地区是德国的势力范围，其与日本同样有利益冲突。对

▲ 1905年9月5日，日俄两国签订《朴次茅斯和约》

比日本的积极备战，俄国内部意见却一直未能统一，一方认为本国形势严峻，不要轻启对外战争，而另一方则对日本充满蔑视，认为应该采取强硬态度。于是趁俄国准备并不充分的情况下，1904年2月，日本不宣而战，袭击了俄国太平洋舰队驻地旅顺港。然而，清朝政府无视旅顺成为双方战场，无视双方对中国主权的践踏，宣布中立。经过长达一年的交战，俄国在旅顺会战中失败，1905年1月正式投降，日军取得胜利，而在陆地战争上，双方在奉天决战，俄军大败，损失近12万兵力，日军伤亡约7万人。此时双方损失惨重，俄国国内又爆发革命，于是在美国调停下，开始谈判，最终签订了《朴次茅斯合约》。

这场战争，对于日俄双方、中国乃至世界，影响都非常大。此战后，俄国的大国地位受到动摇，其国际地位也受到影响，进而影响了整个世界。

延伸思考

甲午战争中，中国失败的原因是什么？

时间轴 1894—1905年

1894年	中日爆发甲午战争
1894年11月	日本在旅顺进行大屠杀
1895年	中日签订《马关条约》
1904年	日俄战争爆发
1905年	俄国战败，签订《朴次茅斯合约》

第一次世界大战中的日本

1914 年，萨拉热窝事件成为第一次世界大战的导火索。对于向帝国主义过渡的主要资本主义国家来说，亚非拉的殖民地和半殖民地基本上已被瓜分完毕。为重新瓜分世界和争夺世界霸权，一场世界级的战争不可避免地发生了。

胶州湾之争：德国 VS 日本

第一次世界大战爆发后，德军舰队在东亚海面上破坏英国的海上交通，英国于是要求日本舰队参战，日本认为参战有利于提高国际地位，并且早已对山东胶州湾虎视眈眈，于是 1914 年 8 月对德宣战，要求德军交出中国胶州湾。

胶州湾从 19 世纪末起，就被德国以租借之名占领，成为德国东洋舰队基地，并在青岛修筑要塞，铺设铁路和开发矿山。10 月，胶州湾被英日攻占，日本又顺势占领了马绍尔群岛、加罗林群岛等原属于德国的太平洋岛屿。

中国在"一战"末期，以协约国成员参加了战争，并向欧洲战场派遣了 10 万劳工支援前线。"一战"结束后，中国作为战胜国提出将德国在华侵占的非法权益收回。然而，占领了山东胶州湾的日本不但拒绝了中国政府的要求，还向袁世凯提出灭亡中国的"二十一条"。中国国内一片愤慨，袁世凯政府却无视民间呼声，满足了日本人的无理要求。

日本还在同一时期挑起满族、蒙古族等少数民族对中国政府的敌对情

▲ 第一次世界大战在欧洲爆发

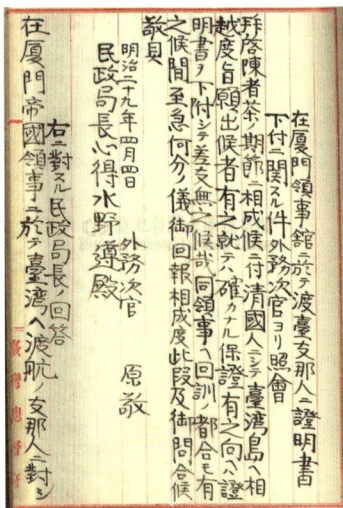
▲ 原敬致台湾的公函

绪，阴谋使满洲地区与中国分离，中国的主权再一次被践踏。日本在中国满蒙和山东地区的势力得到进一步扩张和巩固。贪婪的日本人借俄国十月革命政局不稳，派军入驻海参崴，不断增加军队数量，直到1922年，碍于俄国民众不断增长的反日情绪和英美两国的压力，才将军队撤回日本。

"一战"的影响：日本的机会

"一战"从1914年8月爆发到1918年11月结束，前后持续了4年多，30多个国家参战，直接死于战争的军人愈900万，直接和间接经济损失达到3000多亿美元，欧洲整体经济衰落。美国和日本却趁机利用战争大大壮大了自己的力量。

对日本来说，"一战"几乎是"天赐良机"。趁着西方列强打得天昏地暗之时，日本向周边地区扩大势力范围，几乎独占中国东北市场；西方国家因为战争放松了对亚洲各国的商品输出，却被日本取代；同时，日本还大发战争财，各国军需品、生活用品的大批订单，使日本的出口额达到惊人的增长。短短几年间，日本由农业国变为工业国，造船、海运、金融、工业都得到空前发展，成功从债务国变为债权国。

日本国内资本主义得到迅速发展，新兴的资本家开始要求政治上的地位，1918年，日本政府成立了历史上第一届具有现代意义的政党内阁即"原敬内阁"。原敬领导的政友会是当时众议院中的第一大党，他担任首相标志着由多数国民支持的政党内阁制实现了，在日本政治史上堪称里程碑。原敬是第一位平民出身的首相，打破

▲ 原敬肖像

▲ 由左至右分别为英国首相劳合·乔治、意大利总理维托里奥·奥兰多、法国总理克里孟梭、美国总统威尔逊

萨长藩阀政治，也是日本建立内阁制以来首位在任上被暗杀的首相。

第一次世界大战，日本成为真正的赢家，其势力范围和经济发展得到快速飞跃。在巴黎和会和华盛顿会议上，日本以大国（英、美、法、意、日）身份参加，成为"一战"后新的国际秩序的制定者之一。凡尔赛体系表面上是决定"一战"后的国际新秩序，实质上是战胜国对胜利果实的瓜分，大大加深了战胜国与战败国、战胜国与战胜国之间的矛盾，为此后的战争埋下了种子。

英国对日本所表现出的独占中国的态度有所不满，对其崛起有所警惕，在东亚秩序上开始压制日本。随着《九国公约》的签订，中国最终夺回了山东主权，美国提出的"门户开放""机会均等"也被通过，这些决议的目的是把中国变成列强共同管理的殖民地。凡尔赛体系建立后，世界得到了短暂的和平，但却埋下了更深的矛盾。就像法国元帅福煦所预言的那样："这不是和平，只是 20 年的休战。"

延伸思考 **?** 日本和中国是否参加了第一次世界大战？是如何参加的？

时间轴 1914—1922 年

1914 年	第一次世界大战爆发，日本对德宣战，要求德国交出胶州湾
1918 年	第一届政党内阁"原敬内阁"成立
1919 年	巴黎和会，签订《凡尔赛合约》
1922 年	华盛顿会议，签订《九国公约》

第二次世界大战中的日本

第二次世界大战，是人类历史上迄今为止规模最大的世界范围的战争。战争共分为五大战场：欧洲战场、苏德战场、北非战场、中国战场和太平洋战场。这是一场世界性的反法西斯战争，最终中国、美国、苏联等反法西斯国家和世界人民战胜了法西斯侵略者并赢得了世界和平。

军国主义和法西斯化

日本资本主义经济的迅速发展，使人们的生活水平得到快速提升，借助"一战"的契机，日本已经成为世界资本主义市场的一分子。当 1929 年 10 月，美国开始爆发经济危机后，日本很快被席卷。出口额锐减，企业大批倒闭，失业人员越来越多，传统农业经济也没能幸免，生丝和稻米的价格一路暴跌，再加上自然灾害的发生，经济危机引发社会危机，混乱的局势让日本快速法西斯化。

早在 20 世纪 20 年代初，日本民间各种法西斯团体纷纷成立，之后蔓延到日本军部。1931 年，日本发动"九一八事变"后，军国主义气焰高涨。1932 年，日本军国主义分子发动武装政变，谋杀了当时日本首相犬养毅，并对多个重要部门进行袭击。政

▲ 战后，广田弘毅被押至远东国际军事法庭受审

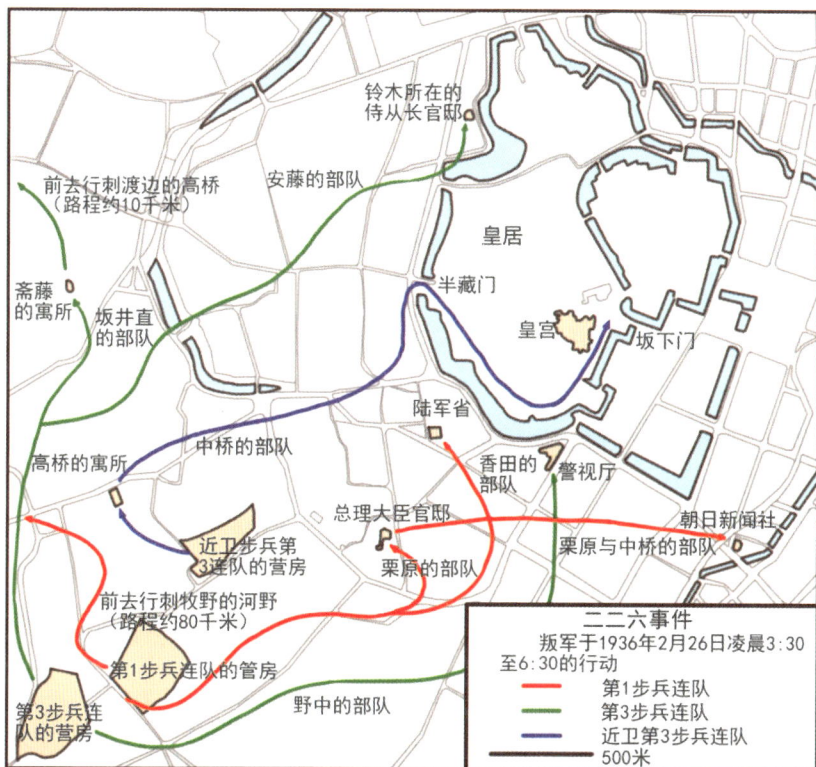

▲ "二二六事件"叛军攻击流程图

变后，陆军当局攻击政党政治无能，反对政党内阁，在其重压之下，日本成立了所谓的"举国一致内阁"，以军部为主导，于是，军部开始控制日本政府。法西斯分子为了对国民进行思想控制，奉天皇为神，认为天皇的权力是绝对的，军部由此分为两个派别。皇道派主张先建立法西斯政权，再进行全面对外侵略战争，统治派则认为应该先发动侵略战争，再由战争推动建立法西斯政权。

1935年，皇道派发动"二二六兵变"，遭到镇压，统制派借机上位，全面控制陆军。广田弘毅内阁上台，提出"对华三原则"。军部取得了对内阁的否决权，实现独裁，日本政府

历史拓展

"对华三原则"是日本战后被判极刑的七个人之一广田弘毅的言论：第一，中国应彻底取缔排日活动，抛弃依赖欧美政策，采取亲日政策；第二，中国应正式承认"满洲国"，实现中日满在华北的经济合作；第三，中日满应在防共问题上合作。"广田三原则"实质是要将中国置于日本的军事、政治和经济控制之下。

彻底法西斯化。

中国抗日战争

中国抗日战争，也被称作第二次中日战争、日本侵华战争。从日本于1931年制造"九一八事变"开始到1945年第二次世界大战结束，抗战时长共14年。中国抗日战争是世界反法西斯战争的重要组成部分，也是中国近代抗击外敌入侵第一次取得完全胜利的民族解放战争。

1931年9月18日，日本在中国东北蓄意挑起事端，发动"九一八事变"，侵占沈阳，又陆续侵占了东北三省。1932年，东北全境沦陷。这期间，国民党政府希望得到国联的调停，一直"不准抵抗"，东北军节节败退，最后退到关内。

在中国东北地区建立"满洲国"傀儡政权的日本，对东北实行殖民统治，还将侵略的矛头指向关内。西北军将领冯玉祥在1933年组织察哈尔民众抗日同盟军，与日本血战，然而5月底，国民党政府再次向日本妥协，签署了《塘沽协定》，国民革命军退出热河和冀东，使整个华北暴露在日军铁蹄之下。1935年8月，中国共产党发表《八一宣言》，号召"停止内战，一致抗日"。1935年12月

▲ "九一八事变"中日军偷袭侵占沈阳

```
                    ┌─────────────────┐
                    │  第二次世界大战  │
                    └────────┬────────┘
              ┌──────────────┴──────────────┐
        ┌─────────────┐             ┌──────────────────┐
        │   轴心国    │             │   反法西斯同盟   │
        └──────┬──────┘             └─────────┬────────┘
               │                              │
          ┌────────┐                     ┌────────┐
          │  德国  │                     │  中国  │
          └────────┘                     └────────┘
               │                              │
          ┌────────┐                     ┌────────┐
          │ 意大利 │                     │  美国  │
          └────────┘                     └────────┘
               │                              │
          ┌────────┐                     ┌────────┐
          │  日本  │                     │  英国  │
          └────────┘                     └────────┘
               │                              │
          ┌────────┐                     ┌────────┐
          │ ……    │                     │  苏联  │
          └────────┘                     └────────┘
                                              │
                                         ┌────────┐
                                         │ ……    │
                                         └────────┘
```

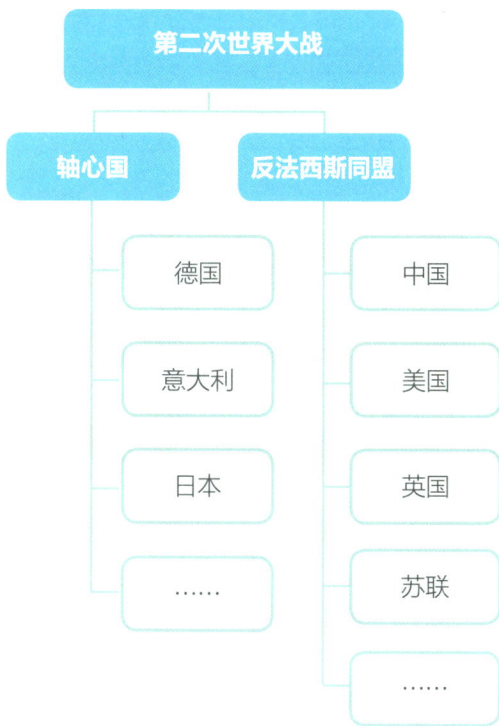

9 日，北平学生举行抗日救国游行，史称"一二·九"运动。这场运动掀起了全国抗日高潮，也推动了抗日民族统一战线的建立。1936 年 12 月 12 日，张学良、杨虎城发动"西安事变"，中国共产党派周恩来等到西安，力主和平解决，迫使蒋介石承诺停止内战、共同抗日。"西安事变"的和平解决标志着抗日民族统一战线得以初步形成。1937 年 7 月 7 日，日本挑起"卢沟桥事变"，发动全面侵华战争。中国共产党、国民政府分别表示全面抗战。

中华民族的抗战事业异常艰难，除了要面对日本侵略者，还要面对国内众多的汉奸、伪军和国民党政府的消极抵抗政策。国民党政府在抗日战争进入相持阶段后，积极性逐渐减退，先后掀起了三次反共高潮。1937 年 8 月，中共中央召开洛川会议，会议提出了实行全面的全民族抗战路线。1938 年

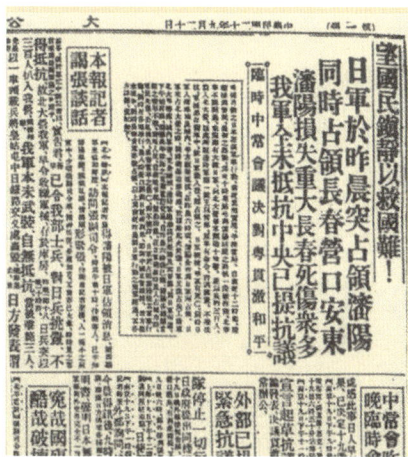

▲《大公报》对"九一八事变"的报道

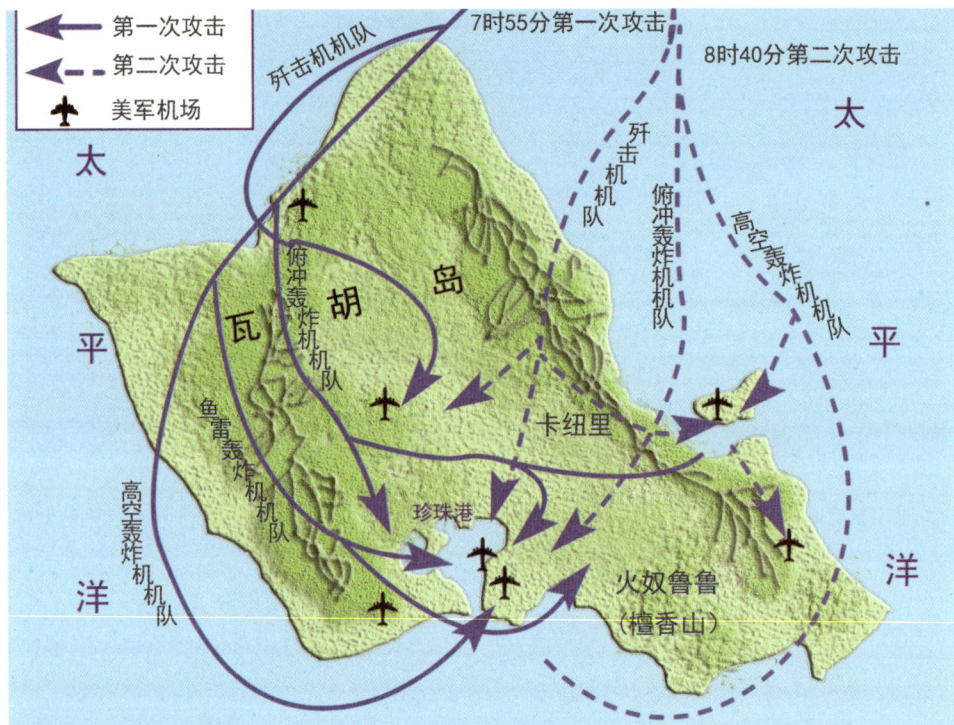

▲ 日军偷袭珍珠港示意图

5 月，面对中国国内的"中国必亡论"和"中国速胜论"，毛泽东同志写了《论持久战》阐述了中国"持久战"策略，对中国的抗战事业产生了深远影响。全民族抗战和持久战思想成为中国人民抗战的指导思想。1939 年 9 月，第二次世界大战全面爆发，中国人民开始和世界其他反法西斯国家联合作战，最终在 1945 年迎来了抗日战争的最后胜利。

太平洋战争

1939 年 9 月，德国闪击波兰，第二次世界大战全面爆发。德国、日本、意大利在 1940 年 9 月签署《德意日三国同盟条约》，正式成立了以柏林 – 罗马 – 东京为核心的"轴心国军事集团"。

▲ 燃烧的"西弗吉尼亚"号

接下来，日本把目光转向南洋，这一地区主要是英国和美国的殖民地，想要侵占南洋，必然会与英美对抗。1941年12月，长期备战的日军偷袭了美国在太平洋上最大的军事基地珍珠港，太平洋战争正式爆发。美军毫无防备，90分钟的突袭中，美军伤亡惨重，太平洋舰队主力几乎全被摧毁，伤亡近4000人，史称"珍珠港事件"。

日本处心积虑，抢得了先机，不再受美军制约，分兵进攻中国香港、马来西亚、菲律宾、印度尼西亚和缅甸，迅速占

▲ 罗斯福签署对日宣战书

领了东南亚大片地区。同时，日军远赴印度洋，重创了英国远东舰队，攻占了太平洋中部和南部的一些战略性岛屿，几乎控制了整个太平洋东部地区。

美国、英国、澳大利亚、新西兰等国开始投入太平洋战场。1942年6月，中途岛海战爆发，美军成功伏击了日本，取得巨大战果，日军第一机动舰队的4艘航空母舰被击沉，各种飞机损失300多架，美国方面损失了"约克城"号航空母舰。中途岛海战是太平洋战争的转折点，遭受重创的日本海军从此再无力发动大规模海空作战，日军在太平洋战场上转入防御。

1942年8月开始，美军开始反攻，通过持续6个月的瓜岛战役，日本海军、航空兵力损失惨重，并为太平洋战场的全面反攻奠定了基础。其后，美军在1944年马里亚纳海战后完全取得了制海权和制空权。

战争频频失利，东条英机内阁下台。美军在东南亚迅速反攻，日军败退本土。抗日战争也开始展开反攻，日本多条战线溃败，失败已成定局。战争中，美军多次

▲ 珍珠港俯视图（1941年10月30日）

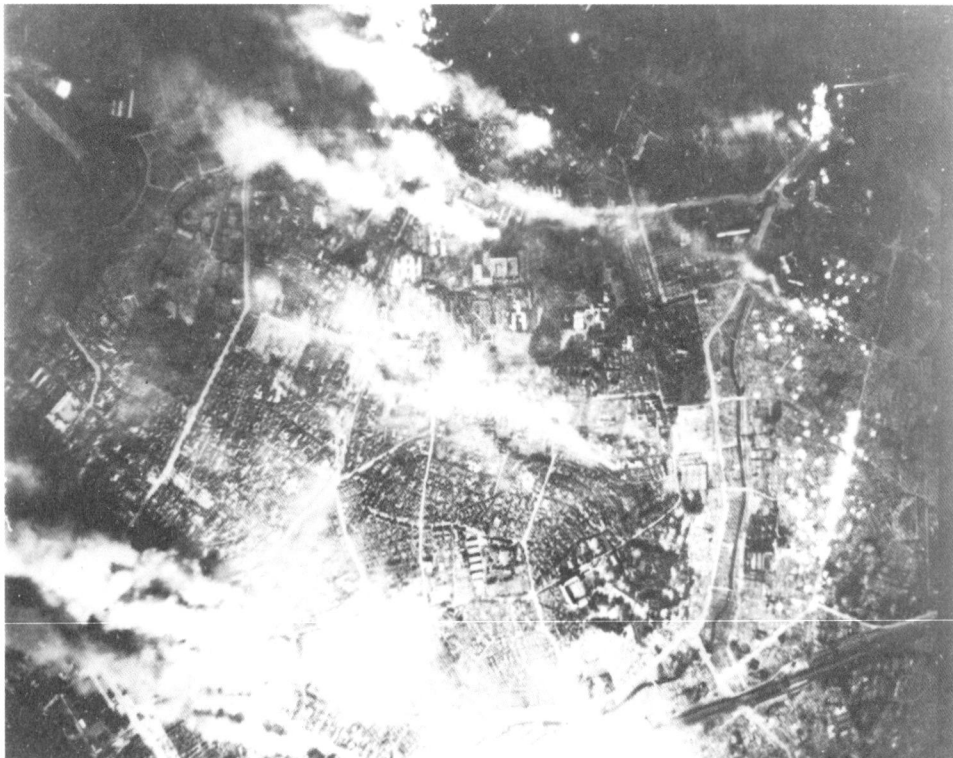

▲ 1945 年 5 月 25 日，日本东京遭燃烧弹轰炸后的场景

轰炸日本本土。1942 年 4 月，美军空袭东京、名古屋等地。1944 年 6 月，美军轰炸日本九州，从此这种战略轰炸一直持续到战争结束。日本主要城市除京都、奈良等外均被摧毁，大量城市居民逃亡农村，战时经济逐渐走向崩溃。

日本法西斯的覆灭

日本偷袭珍珠港事件后，世界主要反法西斯国家逐渐开始联合。1942 年 1 月 1 日，中、苏、英、美等 26 国签订了《联合国家宣言》。之后，各国加大了对中国的军事援助，中国人民的抗日战争正式成为第二次世界大战的一部分。

1943 年 11 月，中、英、美三国签订著名的《开罗宣言》，盟军对日本的联合作战进入新的阶段。1943 年 9 月 8 日，在欧洲战场上，意大利宣布投降，轴心国开始瓦解。1945 年 5 月，德国法西斯宣布无条件投降。1945 年 7 月，美、英、中在柏林近郊波茨坦举行会议，发布《波茨坦公告》，敦促日本无条件投降，结果遭到日本拒绝。

1945 年 8 月 6 日和 9 日，美军分别在日本广岛、长崎投下原子弹。苏联也在 8 月 8 日对日宣战，出兵中国东北，围歼了盘踞在中国东北的日本关东军。8 月 9 日，中国战场全面反攻，对日本进行最后的决战。1945 年 8 月 15 日，日本表示接受《波茨坦公告》，日本

▲ 审判进行中的法庭会场

裕仁天皇发表《终战诏书》，并宣布日本无条件投降。日本多年的对外侵略战争给中国、朝鲜、东南亚和太平洋地区的人民带来了沉重灾难，"二战"中日本的战败，宣告了日本"明治维新"以来所奉行的对外侵略扩张政策的终结。在盟军占领下，日本进入了新的历史发展阶段。

▲ 波茨坦会议

东京审判

　　"二战"结束后，远东盟军最高统帅部在1946年1月设置远东国际军事法庭。5月，远东国际军事法庭在日本东京对日本"二战"中的甲级战犯东条英机、松井石根、土肥原贤二等进行审判，这又被称为东京审判。

　　审判中，由11个国家的检察官组成委员会提出起诉书，被告28人，罪名是破坏和平罪、战争罪和违反人道罪。中国的代表是中国法学界权威梅汝璈先生。东京审判历时两年半，开庭818次，面对傲慢的美国和西方列强，梅汝璈坚持以法律为原则，在"法官席位之争""起草判决书"和"坚持死刑处罚"等关键时刻维护了中国的国家尊严。

　　在梅汝璈的力争下，票选取得了微弱优势，东条英机、土肥原贤二等七名首犯终于被送上了绞刑架。随着"二战"后国际局势的变化，美国把日本看作制约社会主义国家苏联和中国共产党的棋子，而国民党也有着利用日军力量进行反共内战的考虑，部分战犯逃脱了起诉，甚至有战犯再次担任了公职。岸信介——曾经的甲级战犯，后来在1952年担任日本首相，在任期间与美国签订新《日美安全条约》。由此可见，这次审判并不彻底，为日本军国主义的死灰复燃和右翼势力的猖獗埋下了隐患。

延伸思考 日本法西斯是如何覆灭的？

时间轴 1931～1945年

1931 年	中国"九一八事变"，日本开始侵华
1935 年	日本"二二六兵变"，日本政府法西斯化
1937 年	"七七事变"，日本全面侵华
1939 年	第二次世界大战爆发
1941 年	日本偷袭珍珠港，太平洋战争爆发
1942 年	26 国签订《联合国家宣言》
1943 年	中、英、美签订《开罗宣言》
1943 年	意大利无条件投降
1945 年 5 月	德国无条件投降
1945 年 7 月	《波茨坦公告》，日本拒绝投降
1945 年 8 月	美军向广岛、长崎投下原子弹
1945 年 8 月	日本无条件投降

"二战"后的日本：复兴与野心

作为战败国的日本，很长一段时间内都受制于美国，但同时又受到美国的扶植。此时的日本在政治上要去法西斯化，进行民主改革；经济上要恢复生产，重建国民经济。此后，在实现经济复苏后，日本一直在谋求政治与军事大国的国际地位。

日本新宪法

1945 年 9 月 2 日，日本签订了投降书，这标志着日本法西斯对外战争的彻底失败。在美国占领当局的安排下，日本开始进行民主改革，建立新的宪政政府。

1946 年 1 月 1 日，昭和天皇发表了"人间宣言"，承认天皇与平民无异，只是受国民拥戴的国家象征。美国占领当局向日本提出三大原则：保留天皇，放弃战争，消灭封建主义。1946 年 11 月，吉田茂内阁将新的宪法修正案提交国会，于 1947 年 5 月 3 日正式实施。新宪法中规定日本"永远放弃以国权发动战争，武力威胁或武力行使作为解决国际争端的手段"；还规定了主权在

▲ 日本在东京湾的密苏里号战列舰上签署《降伏文书》

▲ 昭和天皇签署《日本国宪法》

民、放弃战争、尊重人权等资本主义民主制度的原则；在新宪法中，天皇是象征性的国家元首，政体是真正的责任内阁制。新宪法又被称为"和平宪法"，以新宪法为准则，日本开始了战后的民主化进程和新宪政。

在新的国会大选中，自由党、进步党、社会党、协同党、共产党等都参加了选举，其中鸠山一郎将民主党和自由党结成自由民主党，成为保守党。在1955年选举中成功组建内阁，一直到1993年，内阁始终由自由民主党控制，这被称为"五五年制"。由于党派斗争激烈，内阁频繁更迭，使得内阁为了自身维持，对一些激进势力多以妥协。

▲ 宪法纪念邮票

▲ 鸠山一郎内阁旧图

复兴的经济

长期的侵略战争让日本国内经济一直畸形发展，再加上美军接连不断的轰炸，广岛、长崎也在原子弹爆炸中被完全摧毁。大量军人复员和难民回归引起了严重的社会问题，日本经济陷入困境。1947年，日本首先进行农业改革来改善粮食不足的问题，核心措施就是提高自耕农的比重，严格限制土地买卖。

1950年9月，朝鲜战争爆发，美国在日本采购了大量军需品，之前所积压的库存被处理一空，企业生产恢复正常。

日本成为美军的作战和补给基地，日本的运输业、制造业都为支持美国作战而运行，这些对日本经济的恢复和发展起到了重要作用。从1955年开始，日本经济进入了近20年的高速增长期，并在20世纪70年代成为资本主义世界中仅次于美国的第二经济大国。日本在战后的崛起原因有多个方面，首先是原本的工业基础并没有被破坏，政局稳定下很快就能恢复生产。其次是正值第三次科技革命，美国作为拥有世界最先进科学技术的国家给日本提供了大量的科学援助，扶植日本建立了大量新兴产业，使其产业顺利升级。

再次就是在社会主义阵营和资本主义阵营对抗的情况下，日本被"和平宪法"所限制，大笔军费被节省下来全部投入经济建设。最后，就是借助第三次科技革命之机，日本大力发展教育事业，培养了大量高素质人才。与此同时，经济逐渐恢复，迅速崛起，实现了长时间的持续高速增长。

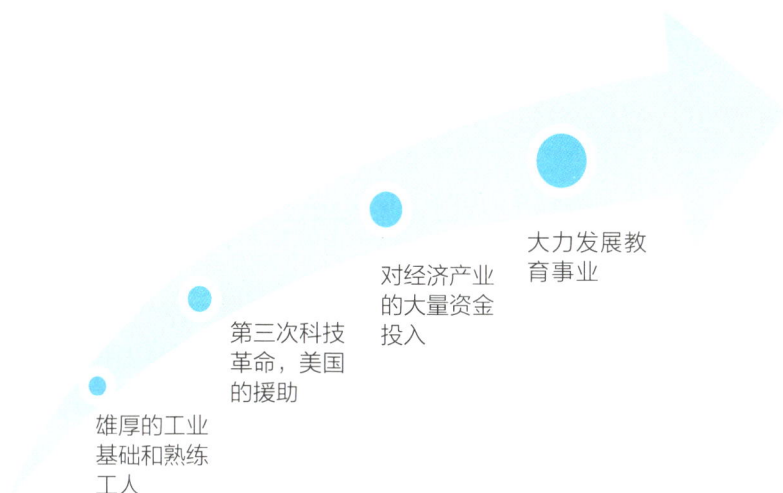

大力发展教育事业

对经济产业的大量资金投入

第三次科技革命，美国的援助

雄厚的工业基础和熟练工人

▲ 战后日本经济崛起的原因

政治军事野心

第二次世界大战后，日本作为战败国，在国际社会上政治地位低微，而两极格局形成、冷战开始后，日本又跟在美国后面，基本没有独立的外交立场。伴随着日本经济的崛起，日本希望能获得与其匹配的政治地位。

1972 年 2 月，美国总统尼克松访华，中美两国发布《中美联合公报》，宣告两国关系走向正常化。紧跟着，日本内阁总理在同年 9 月访问中国，并于 9 月 29 日发表《中日联合声明》，中日两国迅速建立了外交关系。

▲ 联合国安理会

　　中日关系正常化是日本在"二战"后开始独立外交的重大尝试。进入 21 世纪后，日本致力于成为联合国安理会常任理事国之一，但总是无功而返。日本对"二战"中对外侵略的罪行始终不能正视，甚至通过修改教科书等方式歪曲历史，加之右翼势力在日本兴起，亚洲人民和国际社会都时刻保持警觉。

　　1950 年，朝鲜战争爆发后，美国开始允许日本重新发展军事力量。1954 年，日本陆上自卫队和海上自卫队正式成立，这标志着日本军事力量重新崛起。首先，在"质重于量"和"海空优先"方针下，日本建立了一支装备精良、作战能力较强的自卫队；其次，日本大肆装备和建造先进武器。2006 年 12 月，日本国会通过法案将防卫厅升级为防卫省，其长官从防卫厅长官也升格为防卫大臣，这表明日本军队的地位得到了极大提升。1990 年以后，日本的军费支出常年在 500 亿美金之上，是仅次于美国的第二大军费支出国。

延伸思考
？ 日本法西斯是如何覆灭的？

时间轴 1946—1972 年

1946 年	昭和天皇发布"人间宣言"
1947 年	新宪法实施
1954 年	日本陆上自卫队和海上自卫队正式成立
1955 年	自民党（五五年制开始）
1972 年	发表《中日联合声明》，中日建交

图书在版编目（CIP）数据

一读就懂的世界史．日本 /《图说历史》编委会编著 . 一北京：
中国铁道出版社，2019.1（2019.11 重印）
（图说历史）
ISBN 978-7-113-24745-4

Ⅰ．①一…　Ⅱ．①图…　Ⅲ．①日本 - 历史　Ⅳ．① K1

中国版本图书馆 CIP 数据核字（2018）第 157809 号

书　　名：一读就懂的世界史·日本

作　　者：《图说历史》编委会　编著

责任编辑：刘建玮　　　　　　　　　电　　话：（010）51873038

装帧设计：MXK DESIGN STUDIO　　电子信箱：liujw0827@163.com

责任印制：赵星辰

出版发行：中国铁道出版社有限公司（100054，北京市西城区右安门西街 8 号）

印　　刷：中国铁道出版社印刷厂

版　　次：2019 年 1 月第 1 版　2019 年 11 月第 2 次印刷

开　　本：710mm×1000mm　1/16　印张：15　字数：250 千

书　　号：ISBN 978-7-113-24745-4

定　　价：58.00 元